NOTICE

SUR

Dompierre-les-Ormes

————————

NOTICE

SUR

DOMPIERRE-LES-ORMES

CANTON DE MATOUR, ARRONDISSEMENT DE MACON,
DÉPARTEMENT DE SAONE-ET-LOIRE,
DIOCÈSE D'AUTUN,

Tirée de documents imprimés,
Manuscrits
et Traditionnels.

PAR

M. JEAN-LOUIS MAMESSIER,

Curé de Dompierre-les-Ormes.

CHAROLLES

IMPRIMERIE ET LITHOGRAPHIE DE Ve LAMBOROT.

1872.

DOMPIERRE-LES-ORMES.

1. Étymologie.—Dompierre-les-Ormes est désigné dans deux actes en latin, en date du 16 juin 1458 et du 14 juillet 1495, par *Domna-Petra* ; dans un autre du 10 mai 1509, par *Dompna-Petra* ; dans un acte en français, en date du 17 mai 1593, par *Dompierre-en-Mâconnais*, parce qu'il dépendait du bailliage et du siége présidial de Mâcon, et dans un autre acte, du 18 mai 1728, par *Dompierre-d'Audour*, parce qu'il relevait de la justice haute, moyenne et basse du château d'Audour, situé sur son territoire ; enfin, dans plusieurs actes plus récents, par *Dompierre-aux-Ormes* et par *Dompierre-les-Ormes*, probablement parce qu'il renfermait autrefois des ormes remarquables par leur nombre ou par leur grosseur, et certainement afin de le distinguer des vingt-deux autres paroisses de France, aussi appelées Dompierre, et dont trois seulement ont une plus nombreuse population.

Le nom de Dompierre peut, à cause des deux mots latins du genre féminin *Domna-Petra*, dériver de celui

d'une illustre dame fondatrice, appelée Pierrette, Pétronille ou de Lapierre. Il peut aussi, comme celui de plusieurs autres paroisses de France, dériver de l'apôtre saint Pierre, ou de Monseigneur saint Pierre, selon une antique et respectueuse expression, soit parce que le mot Dompierre n'est que l'abréviation des deux mots latins : *Dominus Petrus*, soit parce qu'on trouve, dans l'acte en latin, en date du 16 juin 1458, précité, ces mots : *Ecclesia sancti Petri Domna-petra*, soit parce que un acte du 16 décembre 1546, mentionne une ancienne confrérie qui était établie dans l'église de Dompierre en l'honneur de saint Pierre, et qui se célébrait annuellement le premier du mois d'août, jour de la fête de saint Pierre-ès-liens, sous le vocable duquel était placée une ancienne chapelle, maintenant détruite, dont il sera parlé ci-après. Enfin, le nom de Dompierre peut provenir du mot celtique *Dun*, qui signifie monticule, petite éminence en pierre ou en terre, ce qui est parfaitement applicable à ce lieu, attendu, d'une part, qu'il y avait anciennement des blocs de pierres granitiques qui ont été employées à la construction de l'église et des maisons, et que, d'autre part, il est situé sur une petite éminence qui est légèrement inclinée au nord, au midi et au levant, et qui s'élève graduellement au couchant, jusque sur les paroisses de Verosvres et de Montmelard.

2. Topographie. — Le bourg de Dompierre-les-Ormes a, en longitude est, 2° 9' ; en latitude nord, 46° 24', et en altitude ou élévation au-dessus du niveau de la mer, 426 mètres. Le territoire de Dompierre-

les-Ormes est environné, sauf au nord, d'une ceinture
de montagnes, dont les plus élevées sont celles du Haut-
de-Meulin, de Marcon, de la Ligne, de la Brosse-Ronde
et de St-Cyr, anciennement nommé Crosan, et en latin,
Crozontius, Crozentius, Croza, dont l'altitude est
d'environ 768 mètres, presque égale à celle des Grandes-
Roches de Matour et de Montmelard, qui est de 772
mètres. Il est arrosé par plusieurs petits ruisseaux qui
font mouvoir les moulins de Latoule, de Pezanin, du
Vernay et de Monnet, et versent leurs eaux dans la
Grône. Il est coupé par de multiples vallons dont les
principaux sont ceux de Latoule, de Pezanin, de Frouges,
d'Audour, de Monnet et de Laroche. Il est traversé
d'abord depuis Latoule jusqu'à Long-Verne par
un large chemin qui faisait partie de la route dé-
partementale, n° 13, de Mâcon à Lapalisse par Tramayes,
Trambly, Montmelard, Gibles et La Clayette, et qui est
maintenant déclassé, ensuite par le chemin de grande
communication, n° 31 bis, de Pontanevaux à Dompierre-
les-Ormes par la Chapelle-de-Guinchay, Germolles, Saint-
Léger-sous-la-Bussière et Trambly, et par un autre
chemin de grande communication, n° 41, de Salornay-
sur-Guye à La Clayette, par St-Vincent-des-Prés, Buf-
fières, Curtil-sous-Buffières, Dompierre-les-Ormes,
Montmelard et Gibles, et qui coupe le chemin de fer
de Mâcon à Paray-le-Monial à Chandon où est la gare
de Trivy-Dompierre, à une distance d'environ 2,800
mètres, enfin par le chemin d'intérêt commun, n° 64,
de Dompierre-les-Ormes à Charolles par Ozolles.

Un chemin communal, du hameau d'Ez-Vaux à celui

de Lafay, est en cours d'exécution ; un autre, de Dompierre à Montagny-sur-Grône est à l'étude et un autre de Dompierre à Meulin, en projet. Un chemin de fer, de Roanne à Chalon-sur-Saône, par Charlieu, La Clayette et Cluny, doit, selon les études préparatoires, traverser au midi le territoire de Dompierre-les-Ormes sur une étendue d'environ 5,000 mètres, dont 250 de tunnel.

Le sol de Dompierre-les-Ormes, ainsi que celui de toutes les communes voisines, est généralement granitique et relativement assez productif à l'aide du trèfle qu'on a depuis longtemps coutume de semer.

Avant la révolution de 1793, le hameau de Frouges dépendait du Beaujolais, et le reste de la paroisse dépendait du Mâconnais et même du Brionnais, puisque c'était à Semur-en-Brionnais que se faisaient le versement des impositions et les opérations pour le recrutement de l'armée.

Avant cette même époque, le hameau de Commerçon était alternatif de Dompierre et de Trambly, et celui de Monnet était aussi alternatif de Dompierre et de Matour ; c'est-à-dire que ces hameaux dépendaient pendant une année d'une paroisse, et pendant l'année suivante de l'autre paroisse. Dans la nouvelle délimitation des paroisses et des communes, le hameau de Commerçon a été partagé entre Dompierre-les-Ormes et Trambly, et celui de Monnet a été intégralement attribué à Dompierre-les-Ormes, dont il est plus rapproché.

3. Superficie. —Les opérations cadastrales effectuées en 1834 ont constaté que Dompierre-les-Ormes forme un triangle presque équilatéral dont la base est

de 7000 mètres, et la perpendiculaire aussi de 7000 mètres, ce qui produit une superficie d'environ 2500 hectares, une lieue carrée, un vingt-sept millième de la France ¹⁄₂₇. Cette superficie peut, à raison des progrès de l'agriculture et de la construction de nouvelles maisons, se décomposer maintenant par approximation de la manière suivante : propriétés bâties, 12 hectares ; jardins, 11 hectares ; vignes, 1 hectare ; étangs, 14 hectares ; terres labourables, 1500 hectares ; prés, 350 hectares ; pâtures, 100 hectares ; bois et broussailles, 400 hectares, et friches, 30 hectares. Toutes les terres labourables sont ordinairement ensemencées chaque année par moitié, dont l'une comprend environ 600 hectares en froment, et 150 hectares en seigle, et dont l'autre est approximativement de 200 hectares en prairies artificielles, trèfle, luzerne ; 200 hectares en pomme de terre ; 200 hectares en sarrasin ; 75 hectares en colza, et 75 hectares en chanvre, maïs, orge, avoine, légumes secs, etc. Les essences dominantes des bois taillis et des bois de haute futaie sont : le chêne, le hêtre, le charme, le pin et le mélèze. Les bois les plus importants sont ceux de Rouveray, de Marcon, de Vaudemard ou de la Dame, de La Ligne, de Meugin, des Plains, de Bertenelle, de la Tête, de la Verdelise, de Frouges, de la Fayolle, d'Audour, et les mélèzes des Bois-du-Foux. Il y a six étangs, dont les plus étendus sont ceux de la Vernée, 6 hectares ; de Pezanin, 4 hectares ; d'Audour, 3 hectares ; de Frouges, du Verdier et de Goyon. Il y a, en outre, à Audour, un canal qui sert à l'irrigation des prairies et qui est le plus considérable de tout le

département de Saône-et-Loire, puisqu'il a en longueur
4500 mètres, en largeur moyenne, 7 mètres. Il a été entre-
pris par M. Claude Mathieu, comte de Damas, seigneur
d'Audour, et exécuté sous la direction de l'ingénieur
M. Goyon de la Plombanie. En le creusant, on a trouvé
des tuiles à la romaine et des débris de bâtiments,
peut-être ceux d'un moulin qui existait en 1478. La
vigne était cultivée, en 1530, au hameau de Lafay, sur
une étendue de quatre ouvrées, selon les archives du
château d'Audour, et sur une plus grande étendue, au
Verdier, au commencement du dix-neuvième siècle.
Enfin, de 1860 à 1870, on en a planté au bourg de
Dompierre, à Audour, au Molard, au Haut-de-Moulin
et à Commerçon-du-Haut. La production a paru dans
les années ordinaires assez satisfaisante sous le double
rapport de la quantité et de la qualité.

4. Bétail. — Foires. — Le dénombrement des
animaux domestiques, opéré en 1866 et publié par
l'Annuaire de Saône-et-Loire de 1869, a constaté les
quantités suivantes : chevaux, 28 ; ânes, 7 ; bétail,
812, dont 55 taureaux ; moutons, 1050 ; porcs, 433 ;
chèvres, 166, et ruches d'abeilles, 325. On élève
quelques jeunes chevaux provenant du Charollais, du
Bourbonnais et du Mâconnais, et beaucoup de bêtes à
cornes qui sont vendues à l'âge de 7 ans pour les prés
d'embouche du Charollais et du Brionnais. On engraisse
aussi un assez grand nombre de moutons et de porcs
qui sont dirigés principalement sur les marchés de
Villefranche et de Lyon. Des lettres patentes, données
à Lyon au mois d'août 1630, enregistrées à Villefranche-

sur-Saône, le 18 mars 1631, ont autorisé Mme Jacqueline de Fautrière, dame d'Audour, veuve de M. Jean de Lestoux, seigneur de Pradine, à établir à Audour un marché, le mercredi de chaque semaine, et quatre foires par an, le 23 mars, le 29 mai, le 23 août et le 1er octobre. D'autres lettres patentes, en date du mois de juillet et année 1747, ont augmenté ces foires et les ont fixées, chaque année, aux 18 janvier, 9 février, 6 mars, 9 avril, 10 mai, 8 juin, 30 juillet, 21 août, 12 septembre, 15 octobre, 21 novembre, 11 et 31 décembre. Elles ont été tenues d'abord au hameau d'Audour, où l'on avait construit de petites halles, démolies vers 1860 ; ensuite elles ont été transférées, vers l'an 1746, au bourg de Dompierre - les - Ormes, où M. Claude Mathieu, comte de Damas, seigneur d'Audour, céda à cet effet une parcelle de terre, de la contenance d'environ 24 ares, servant actuellement de champ de foire, et provenant d'un échange entre M. le comte de Damas-d'Audour et M. Antoine Tardy, curé de Dompierre-les-Ormes, sous-seings privés du 3 mai 1746, enregistrés à Matour, le 3 avril 1834, et déposés aux minutes de Me Mantel, notaire audit Matour. Ces foires sont très-importantes, non-seulement à raison de leur ancienneté, mais principalement à cause de la situation centrale de Dompierre-les-Ormes entre le Mâconnais, le Beaujolais, le Brionnais, le Charollais et la petite Bourgogne, et de la proximité du chemin fer de Mâcon à Paray-le-Monial, dont la gare précitée de Trivy-Dompierre n'est qu'à 2,800 mètres. C'est pourquoi il s'y fait une vente considérable de beurre,

d'œufs, de fromage de fruits, de légumes, de volailles, de moutons, de porcs gras, de bétail, de mercerie, de rouennerie et de produits agricoles.

Il y a deux poids publics récemment placés à l'entrée du bourg, l'un sur la route de La Clayette et l'autre sur celle de Cluny. Le marché du mercredi de chaque semaine, établi en même temps que les foires, n'a que peu d'importance à cause de sa rencontre fréquente avec les foires du voisinage.

5. Maisons. — Ménages. — Population. — Les maisons étaient au nombre d'environ 160 en 1781, de 195 en 1831, de 229 en 1836, de 244 en 1851, et de 270 en 1872, ensorte que depuis les opérations du cadastre en 1834 jusqu'en 1872, elles ont augmenté de 75. Les plus remarquables, outre le château d'Audour, sont celles de M. Cortambert, à Bois-du-Lin, la maison commune, l'hôtel du Bœuf-Couronné, appartenant à M. Pierre Goyard, et le café du Commerce, appartenant à M. Louis Bonnetain. — Les feux ou ménages imposables, en 1598, s'élevaient au nombre de 15 à Dompierre, de 5 à Audour, de 2 à Commerçon-du-Haut, de 12 à Bois-du-Lin, de 5 à Lafay, de 9 à Laroche, de 5 à Poisolles, et probablement de 3 à Commerçon-du-Bas, de 5 à Frouges, de 5 au Verdier et au Grand-Chemin, de 5 à Monnet, de 2 aux Chanus et de 4 aux Mannetiers, ensemble 75. Le dénombrement officiel des ménages, effectué en 1851, est de 290 ; celui fait en 1866 est de 314. Il est probable que le nombre des ménages, en 1872, est d'environ 320.

— Le nombre des habitants de Dompierre pourrait, par comparaison proportionnelle à celui de la France, être probablement évalué, en 1600, à 700 ; en 1700, à 800 ; en 1760, à 840 ; en 1791, à 950. Les recensements officiels fixent ce nombre, en 1801, à 1004 ; en 1806, à 1004 ; en 1821, à 1099 ; en 1826, à 1124 ; en 1831, à 1286 ; en 1836, à 1335 ; en 1841, à 1390 ; en 1846, à 1444 ; en 1851, à 1453 ; en 1856, à 1508 ; en 1861, à 1501 ; en 1866, à 1460 ; et en 1872, il est probablement plus de 1500. Le bourg de Dompierre-les-Ormes qui, en 1598 et 1780, n'avait que 15 feux ou ménages, a, en 1872, plus de 500 habitants : les autres lieux où le mouvement de la population a été le plus sensible sont les hameaux du Haut-de-Moulin et de Lafay. Cette augmentation de population doit être attribuée au progrès de l'agriculture, au morcellement de la propriété et à la vente en détail de plusieurs gros domaines.

6. Hameaux. — Bureau des postes. — Voici, par ordre alphabétique, la nomenclature des hameaux et des écarts, et leur distance au bourg de Dompierre-les-Ormes : Audour, 2,700 mètres ; la Baisse, 4,500 ; Belair, 900 ; Bois-du-Lin, 2,300 ; Brosse-Ronde, 3,300 ; le Buisson, 650 ; les Chanuts, 4,200 ; Combe-Louire ; 3,550 ; Commerçon-du-Bas, 2,900 ; Commerçon-du-Haut, 3,100 ; la Crechère, 2,700 ; la Creuzette, 2,300 ; Croix-de-Mission, 450 ; Croix-Giroux, 400 ; Crôt-au-Loup, 3,700 ; les Epingles, 3,500 ; Lafay, 1,500 ; La Forêt, 5,000 ; Frouges, 1,800 ; Grand-Chemin, 2,900 ; la Gente, 3,300 ; la

Garenne, 3,000 ; Haut-d'Audour, 2,300 ; Hauts-de-Meulin, 2,000 ; la Ligne, 2,100 ; Mannetiers, 4,700 ; Massan, 650 ; Marcon, 1,200 ; la Mazille, 1,500 ; les Meuniers, 400 ; le Molard, 800 ; Monnet, 4,100 ; Moulin-de-Monnet, 3,300 ; l'Orme, 3,100 ; Pezanin, 1,100 ; la Planche, 1,700 ; Poisolles, 1,600 ; Pré-Mouillon, 1,700 ; Laroche, 2,600 ; la Toule, 3,700 ; les Vaux, 3,200 ; le Verdier, 3,700 ; le Vernay, 900 et les Yguesses, 3,300.

Un bureau de distribution des postes a été établi, en 1868, à Dompierre-les-Ormes pour cette commune et celles de Trivy et de Meulin, à la recommandation de M. Eugène Cortambert, et la direction en a été confiée à M. Emmanuel Boutheron, de Beaurepaire.

ÉGLISE.

7. Ancienne église. — Cimetière. — L'ancienne église de Dompierre-les-Ormes, que la tradition locale faisait remonter à quatorze cents ans, paraissait appartenir au style latin du quatrième au onzième siècle, à raison des arcs et des fenêtres du clocher à plein cintre, qui est le caractère architectural de cette époque. Elle se composait, primitivement d'abord, d'une seule nef, ayant 11^m70 de longueur, 5^m50 de largeur hors-d'œuvre, et 7 mètres de hauteur; ensuite d'un clocher carré de 5 mètres de longueur, 5^m70 de largeur, et 15 mètres de hauteur, sans y comprendre la toiture, qui en avait 2,50, avec un double rang de fenêtres à un meneau, dont les inférieures avaient été murées depuis longtemps, et dont les supérieures reposaient sur un cordon en pierre, fracturé du côté du hameau de Laroche, peut-être parce que ce hameau dépendait, pour la justice et les dîmes, non du seigneur de Dompierre, mais de celui du Terreau, paroisse de Verosvres; enfin, d'un sanc-

tuaire ou abside, dont le rayon était de 3ᵐ20, mesuré sur ses murs en fondation qui ont été retrouvés lors de la démolition de l'église en 1847. Tous ces murs avaient 80 centimètres d'épaisseur et étaient faits en bonnes pierres de grés, provenant des carrières et des blocs sur place dont il a été déjà parlé.

Ce fut probablement vers la fin du seizième siècle que l'on construisit, en style ogival pur, au fond de la nef et du côté du nord, une chapelle avec voûte en arcade. Cette chapelle avait 6 mètres de longueur et 4 de largeur, et elle était sous le vocable de saint Philibert et de saint Hubert, peut-être en souvenir, soit de M. Philibert Balay, dont il sera parlé ci-après, soit de son petit-neveu et héritier universel, M. Philibert de Poncerd. Sous cette chapelle existait un souterrain ou caveau qui, selon la tradition locale, était destiné à la sépulture des seigneurs de Lafay, et où avaient été inhumés, toujours selon cette même tradition, environ trente membres de cette noble maison, et qui, enfin, a été trouvé vide lors de sa démolition en 1847. On construisit en même temps et dans le même genre de style et de voûte, le sanctuaire de l'église, de manière à en former un carré de 4ᵐ80, éclairé par une fenêtre ogivale à deux meneaux. La sacristie ne fut construite que de 1705 à 1763, puisqu'elle n'est pas mentionnée dans le procés-verbal de visite épiscopale des 10 et 11 juin 1705, tandis qu'elle l'est dans la délibération des habitants, en date du 12 décembre 1763. Le dernier agrandis-

sement de l'ancienne église, motivé par l'augmentation de la population, a été effectué en 1816, à l'aide des ressources de la fabrique et de différents matériaux donnés par Mme la comtesse de Dortan, alors propriétaire du château d'Audour. Cette dernière chapelle avait 15^m50 de longueur et 3^m80 de largeur moyenne.

L'église, dans son ensemble, avait une superficie dans-œuvre de 180 mètres. Elle était située sur l'emplacement de la nouvelle église et au milieu de l'ancien cimetière, qui avait lui-même, conjointement avec l'église, une contenance de 9 ares. La démolition de cet édifice et des murs de ce cimetière a été effectuée en 1847, et les pierres provenant de cette démolition ont été mises en œuvre pour la reconstruction de la nouvelle église. La translation des terres et des ossements de ce cimetière a été faite respectueusement et religieusement dans le nouveau cimetière, situé à 300 mètres de l'église, au lieu appelé le Haut-de-la-Garde, dans une parcelle de terre, d'une contenance de 18 ares, acquise par la commune, en 1844, de Jean Bonnetain, de Dompierre, moyennant 350 francs, et dont les travaux de clôture et des fouilles pour les fosses, ainsi que les prix de la croix en pierre de taille et du portail en fer ont coûté 1,872 francs, et ont été exécutés, en 1845, par M. Picolet, entrepreneur, demeurant à Lyon. Ce nouveau cimetière a été béni, le 28 décembre 1845, en présence d'un grand nombre de personnes, et on a pu commencer à y faire les inhumations le 6 janvier 1846.

2

8. Nouvelle église. — La nouvelle église de Dompierre-les-Ormes a été commencée le 1ᵉʳ mars 1847, sur l'emplacement de l'ancienne, qu'on a suffisamment abaissé pour le mettre presque au niveau de la place publique. Elle est en style ogival pur, du treizième siècle, dont le caractère est l'arc en tiers-point, c'est-à-dire à trois points à égale distance, et non l'arc surbaissé, ni l'arc surélevé qui désignent d'autres époques d'architecture. Elle est à trois nefs avec transept, sanctuaire abscidal et deux chapelles aussi abcidales. Il y a quatre pilastres aux murs de la façade, huit colonnes dans les nefs, quatre gros piliers dans le chœur, dont deux pour le support du clocher, trois portes et vingt-huit fenêtres ; le tout en pierre de taille calcaire provenant des carrières d'Ouroux-en-Brionnais. Ses dimensions hors-d'œuvre sont : 28ᵐ50 de longueur, 14ᵐ50 de largeur et 10ᵐ30 de hauteur. Le transept a aussi, hors-d'œuvre, 15ᵐ70 de longueur et 5ᵐ20 de largeur. Le clocher, qui est construit sur le côté méridional du transept, a, hors-d'œuvre, 5ᵐ10 de longueur, 4ᵐ80 de largeur, et 16ᵐ30 de hauteur ; sa flèche octogone, en bois et en ardoise, a 10 mètres de hauteur, et la croix en fer, qui la termine, a 4ᵐ60 de longueur. La superficie dans-œuvre de cette nouvelle église est de 343 mètres, en sorte qu'elle est presque double de celle de l'ancienne, qui n'était que de 180 mètres, ainsi qu'il a été dit. Les matériaux provenant de la démolition de l'ancienne église ont été remployés pour la construction de la nouvelle, et avaient été abandonnés à l'entre-

preneur à cet effet et en sus du montant du devis estimatif. L'architecte de cette église a été M. Fléchet, de Lyon, qui a été aussi l'architecte des églises de Tramayes et do Beaubery et du Petit-Séminaire de Semur-en-Brionnais. L'entrepreneur actif a été M. Jean-Marie Grisard, charpentier à La Clayette, et frère de M. Grisard, curé de Mailly. Le surveillant officiel a été le neveu de M. Devoluet, ancien juge de .ix du canton de Matour; M. Jean-François Pondevaux, notaire, et alors maire de la commune, qui a déployé une louable sollicitude pour l'entreprise do ces travaux, leur conduite et leur terminaison, et qui a été secondé par la collaboration de M. Mamessier, curé de la paroisse. Ces travaux, commencés, comme on l'a déjà dit, le 1ᵉʳ mars 1847, ont été exécutés avec assez de célérité pour permettre, le 24 décembre 1847, de bénir cette nouvelle église, et d'y célébrer la sainte messe sur un autel portatif.

Le Maître-autel, en pierre de Tonnerre, a été sculpté, en 1854, par M. Jean-Marie Quarré, d'Autun, d'après ses dessins. Il représente Notre-Seigneur Jésus-Christ au milieu, à sa droite, saint Matthieu et saint Marc, et à sa gauche, saint Jean et saint Luc, les quatre évangélistes avec leurs attributs respectifs, à savoir : pour saint Matthieu, un homme, symbole de l'incarnation ; pour saint Marc, un lion, symbole de la force et de la royauté ; pour saint Jean, un aigle, emblème de la sublimité et de l'inspiration ; et pour saint Luc, un bœuf, emblème du sacerdoce et du

sacrifice. Cet autel paraît avoir une certaine valeur artistique, puisqu'il est admiré par les connaisseurs.

D'autres travaux plus importants ont été effectués,
en 1858, sur les dessins et sous la direction de
M. Mamessier, curé de Dompierre-les-Ormes. D'abord,
M. Claude Rallin, de Dompierre, a confectionné la
chaire à prêcher et le confessionnal; ensuite, M. Vernay,
de Vareille-en-Brionnais, a sculpté les chapiteaux des
colonnes et des piliers, la niche d'exposition du Saint-
Sacrement en pierre de Tonnerre, la rosace dans le
mur de la façade de la grande nef, les colonnettes avec
chapiteaux et trèfles à trois et à quatre lobes des huit
croisées des basses nefs, des deux du transept et des
cinq de l'abside; le tout en pierre de taille des
carrières dudit Vareille-en-Brionnais; enfin, M. Sauris,
de Lyon, a fait, sur ses dessins, les *vitraux* de
toutes les fenêtres : Ceux de la rosace à douze rayons
représentent, au milieu, un triangle, attribut de la très-
sainte Trinité. Les vitraux de l'abside, à trèfle et en
imitation de ceux de la cathédrale de Vienne – en
Dauphiné, représentent d'abord, au centre de la
fenêtre du milieu, les sacrés cœurs de Jésus et de
Marie, en souvenir de la bienheureuse Marguerite-
Marie Alacoque, qui est née à Verosvres, paroisse
voisine de celle de Dompierre-les-Ormes, et qui a été
l'initiatrice et l'instigatrice de la dévotion au Sacré-
Cœur : ensuite, et toujours dans la même fenêtre et
dans un médaillon, le Père éternel; à sa droite,
dans un autre médaillon, saint Jean l'évangéliste, don
de M. Mamessier, curé, et encore dans un autre mé-

daillon, saint Louis, roi de France, don de M. le comte de Marcellus, alors domicilié au château d'Audour; à la gauche du Père éternel, et toujours dans un médaillon, sainte Philomène, spécialement honorée dans la paroisse, et dans un autre médaillon, sainte Thérèse, don de Mme de Forbin, comtesse de Marcellus. Enfin, les vitraux du transept en imitation de ceux de la chapelle des révérends Pères jésuites de Fourvières, représentent, dans un médaillon, au midi, sous le clocher, dans la chapelle de saint Antoine, saint Antoine, abbé en Égypte et patron titulaire de la paroisse de Dompierre-les-Ormes; et dans un autre médaillon, au nord, dans la chapelle de la sainte Vierge, saint Philibert, en mémoire de la chapelle de saint Philibert qui existait dans l'ancienne église.

Outre ces peintures sur verre, l'église de Dompierre-les-Ormes possède encore plusieurs *tableaux*, à savoir : deux tableaux peints sur toile, en 1820, du temps de M. Molard, curé, par M. Bonnafoux, pour 500 fr., payés par la fabrique. L'un de ces tableaux, placé dans la chapelle de la sainte Vierge, représente la sainte Vierge et l'enfant Jésus; l'autre, placé dans la chapelle de saint Antoine, représente saint Antoine. Un troisième tableau, donné en 1853 par madame la comtesse de Marcellus et placé au-dessus de la grand-porte, est le portrait du Pape saint Grégoire-le-Grand, mort en 604, restaurateur du chant romain, appelé de son nom chant grégorien. Ce saint est représenté à genoux, environné d'anges, et le Saint-Esprit en forme de colombe au-dessus de sa

tété, comme on avait coutume de le peindre au
neuvième siècle, du temps du diacre Jean, son bio-
graphe. Trois gravures encadrées, qui ont été données par M⁰ᵉ Jeanne-Marie Rothivel, femme de
M. Poudevaux, déjà nommé, et qui ont été placées
dans la chapelle de la sainte Vierge, représentent les
Sacrés-Cœurs de Jésus et de Marie, et la bienheureuse Marguerite - Marie Alacoque. Quatorze autres
gravures du chemin de la Croix, achetées à Lyon,
au prix de 130 fr., ont été données, en 1841, par
M⁰ᵉ Jeanne-Marie Bourgeois, veuve de M. Jean Arnol,
de Dompierre-les-Ormes, qui a encore donné une
chaîne en or, vendue, en 1865, près de 60 fr.

L'église de Dompierre-les Ormes possède aussi plusieurs *statues*. Un beau christ en ivoire, de 27 centimètres de hauteur, représentant la *Flagellation*, œuvre
du règne de Louis XV, don de M. le comte de Forbin
d'Audour et provenant de Jérusalem, selon une tradition locale. Une Immaculée-Conception, en bois
doré, achetée à Lyon, en 1841, au prix de 45 fr.,
produit des recettes de la confrérie du Saint-Sacrement, et redorée à Mâcon, en 1862, pour 25 fr.,
donnés par plusieurs personnes. Une sainte Vierge
et l'enfant Jésus, achetée à Lyon, en 1852, pour la
somme de 150 fr., qu'a donnée M⁰ᵉ Françoise Baudot,
femme de M. Joseph Jambon, propriétaire et rentière
à Dompierre. Ces deux statues sont placées sur l'autel
de la sainte Vierge. Une autre Immaculée-Conception,
en stuc, donnée en 1853 par M⁰ᵉ la comtesse de
Marcellus, qui l'a fait placer dans la chapelle de

l'Immaculée-Conception, dont la concession viagère lui a été accordée, selon acte du ministère de la justice et des cultes, en date du 15 mai 1841, moyennant une redevance annuelle de 50 fr. Une statue de sainte Philomène, placée dans la chapelle qui lui est dédiée, a été achetée à Lyon, en 1850, moyennant 150 fr., dont 24 ont été donnés par M. le curé et 126 par les jeunes personnes et les femmes de la paroisse. Une statue de saint Antoine, aussi achetée à Lyon, en 1855, moyennant 150 fr., dont 10 ont été donnés par M. le curé et 140 par les jeunes gens et par les hommes de la paroisse, a été placée dans la chapelle de saint Antoine, où elle est spécialement vénérée, par une grande affluence de personnes, le 17 janvier, jour de la fête patronale de Dompierre-les-Ormes. Une statue romaine, en ciment et autres matières, représentant l'Immaculée-Conception, donnée, en 1871, par Mlle Benoîte Tamain, de Villefranche, a été placée en dehors de l'église, au-dessus de la grand-porte et dans le tympan. En 1864, M. Mamessier, curé de Dompierre-les-Ormes, a donné à l'église dudit Dompierre, pour y établir une crèche, une statue en cire de l'enfant Jésus, et des statues habillées de la sainte Vierge et de saint Joseph, et de plusieurs bergers. Le christ, suspendu dans l'arc triomphal de l'église, a été acheté à Lyon, en 1818, moyennant 70 fr., payés par la fabrique de Dompierre.

L'église de Dompierre-les-Ormes possède, de plus, *plusieurs bannières* et *oriflammes*. Une bannière de la sainte Vierge, du prix de 64 francs; une autre,

de saint Antoine, du prix de 70 francs ; une croix
processionnelle, du prix de 25 francs ; le tout acheté
à Lyon, en 1857, à l'occasion de la confirmation, et
ayant coûté, avec la ferrure, les cordons, les rubans, etc.,
174 francs, dont 10 donnés par M. le curé, 64, par
la fabrique, et 100 par les jeunes gens et par les
jeunes personnes qui devaient recevoir le sacrement
de confirmation. Dans le courant des années 1864,
1865 et 1866, la fabrique et M. le curé de Dompierre-les-Ormes ont acheté plusieurs petites bannières
et oriflammes pour être portées aux processions par
les élèves de l'école des filles de la paroisse.

En 1859, M. *Auguste Noly*, homme d'affaires du
château d'Audour, par dispositions testamentaires, a
fait, à l'église de Dompierre-les-Ormes, un legs de
300 francs, qui a aidé à acheter un ostensoir en
argent. En 1856, M. *Jean-Victor Royer*, de Lyon,
ancien notaire, et Mme *Louise Mazet*, sa femme,
ont donné à l'église de Dompierre-les-Ormes un beau
lustre gothique en cuivre verni, qui, en 1868, pour
cause de rupture, a été remplacé par un autre, non
moins beau, acheté à Paris, moyennant la somme de
350 francs, qui a été payée par la fabrique de
Dompierre ; en 1860, ils ont encore donné une
écharpe blanche en soie, pour la bénédiction du
Saint-Sacrement ; et, en 1867, leur nièce, Mme *Annette
Charnay*, femme de M. *Jean-Marie Jambon*, de
Dompierre, a donné à l'église de Dompierre-les-
Ormes un petit lustre qui a été placé dans la chapelle de
la sainte Vierge. Des devants d'autel en tulle brodé

ont été donnés par Mlles *Victoire Auduc*, de Laroche, et *Françoise Michon*, du Grand-Chemin, par la révérende *sœur Dumonnet*, de la Pacaudière, et d'autres devants d'autel en guipure ont été donnés par Mme la comtesse de Marcellus et par M. le curé de la paroisse. Les diadèmes pour la sainte Vierge et pour l'enfant Jésus ont été achetés avec le produit des offrandes faites à la créche, et le diadème, acheté à Paris en 1855 pour l'Immaculée Conception, a été donné par M. le curé. En 1871, M. *André Dellac*, marchand de fonte à Dompierre, a donné deux chandeliers en cuivre vernis qui ont été placés sur l'autel de saint Antoine, et en la même année, Mme *Marie Gobet*, veuve de M. Pierre Leschères, de Dompierre, a donné un voile blanc en soie pour la bénédiction du Saint-Sacrement. Mme *la comtesse de Marcellus*, propriétaire du château d'Audour, a donné à l'église de Dompierre-les-Ormes deux beaux canons d'autel avec encadrement doré ; en 1854, une chappe blanche en soie, six chandeliers et une croix en cuivre vernis; en 1855, une aube en tulle brodé ; en 1856 et 1869, des tapis en laine ; en 1861, une chasuble verte en soie, et une autre chappe blanche en soie ; en 1862, un drap mortuaire ; en 1863, un dais en drap d'or avec monture et quatre panaches blancs ; en 1865, une chasuble en drap d'or; et, en 1867, deux candélabres en cuivre doré ; enfin, en 1872, une belle chasuble en drap d'argent, à l'occasion du mariage de son petit-neveu, M. Roger de Gaufridy, avec Mlle Adélaïde de Verdonnet.

L'église de Dompierre-les-Ormes possède, en outre, *deux reliquaires* gothiques en cuivre doré, achetés, en 1863, à Paris, au prix de 210 francs, dont 10 de souscriptions volontaires, et 200 des recettes de la Fabrique, et où ont été canoniquement placées, par l'évêché d'Autun, le 18 novembre 1863, des saintes parcelles des ossements de saint Antoine, abbé en Egypte et patron de la paroisse ; d'un autre saint Antoine, martyr romain ; de saint Jean-Baptiste, précurseur du Messie ; des saints Honoré, Faustus, Clément, Félix, Bénigne, Urbain et Victor, tous martyrs romains ; d'un antique suaire de saint Lazare, patron de la cathédrale d'Autun ; d'un suaire de saint Symphorien, premier martyr d'Autun, et des cercueils de saint Bernard, abbé de Clairveaux, docteur de l'Eglise, et de saint Louis de Gonzague. La cérémonie solennelle de la translation de ces reliques a été faite, le 25 décembre 1863, après les vêpres, en présence des habitants de la paroisse et de plusieurs autres personnes des paroisses voisines.

L'Eglise de Dompierre-les-Ormes, outre la croix de mission dont il sera parlé ailleurs, possède enfin, *une horloge à répétition*, sonnant les heures et les demi-heures, placée au clocher, et achetée en 1864, à Mâcon, chez M. Jobard, aux frais de la fabrique de l'église dudit Dompierre-les-Ormes, moyennant 1,500 francs, dont 1,350 pour l'horloge et ses deux cadrans, et 150 francs pour le transport, la pose, et fourniture de divers articles.

Les dépenses pour la reconstruction de l'église de

Dompierre-les-Ormes et pour sa mise en état convenable, se sont élevées à environ 31,105 francs,
non compris les matériaux de démolition de l'ancienne église, qui furent estimés 3,000 francs. Ces
dépenses sont ainsi détaillées : Prix d'adjudication,
16,100 francs ; honoraires de l'architecte, 805 francs ;
travaux supplémentaires et intérêts capitalisés, 4,200
francs ; travaux complémentaires, 10,000 francs, à
savoir : bancs et chaises, 1,815 francs ; confessionnal et
deux petits autels, 200 francs ; maître-autel et niche,
1,525 francs ; chaire à prêcher, 500 francs ; sculpture
des chapitaux des colonnes, 200 francs ; pierre de
taille et sculpture de la rosace et des croisées de
l'église, 1,400 francs ; vitraux, fourniture de fer et
pose, 1,900 francs ; croix de mission devant la façade
de l'église, 450 francs ; lustre, 350 francs ; reliquaires, 210 francs, et horloge du clocher, 1,500 francs.

Les recettes, pour faire face à ces diverses dépenses,
proviennent de 7,500 francs, économisés depuis
quatorze ans par la Fabrique de l'église de Dompierre ;
de 4,200 francs d'impositions extraordinaires de la
commune dudit Dompierre ; de 2,000 francs de secours
accordés en 1851 par le ministère des cultes ; de
3,000 francs de souscriptions volontaires, dont
1,000 francs par *M. Mamessier, curé de Dompierre* ;
1,000 francs par *Mme Jeanne-Marie Bourgeois, veuve
de M. Jean Arnol*, de Dompierre-les-Ormes, et
1,000 francs par *Mme Pierrette Combier, veuve de
M. Litaudon*, aussi de Dompierre ; ensemble, 16,700
francs, et le surplus, 14,405 francs, est le produit

des économies que la fabrique a pu si difficilement
faire depuis 1849.

Du tableau comparatif de ces dépenses et de ces
recettes, il résulte que dans les dépenses, la part
afférente à la commune, au secours du gouvernement
et aux souscriptions volontaires, n'a été que de
9,200 francs, c'est-à-dire un peu moins du tiers, et
que celle afférente à la fabrique a été de 21,905 francs,
c'est-à-dire un peu plus des deux tiers.

Il est bien regrettable que les ressources disponi-
bles n'aient pas permis de donner aux murs laté-
raux de cette nouvelle église une longueur de trois
mètres cinquante centimètres en plus, afin de pouvoir
terminer les deux petits arcs qui sont commencés,
ou mieux encore une longueur de six mètres cinquante
centimètres en plus dans le double but d'agrandir
l'église et de construire sur sa porte principale un
beau clocher en pierre de taille, comme on l'a fait
dans beaucoup d'autres paroisses moins importantes.

9. Consécration de l'église. — Le jeudi
16 septembre 1858 a eu lieu la consécration de la
nouvelle église de Dompierre-les-Ormes et du maître-
autel, dans lequel ont été placées des reliques :
1° de saint Martial, apôtre de l'Aquitaine et premier
évêque de Limoges, que la tradition dit avoir été
ce jeune homme qui avait cinq pains d'orge que
Jésus-Christ multiplia dans le désert ; 2° de saint
Valentin, prêtre et martyr romain, mort en 270,
invoqué contre les maux d'yeux, parce qu'il rendit
la vue à la fille d'Astère, lieutenant de Calphurne,

préfet de Rome ; 3° de saint Racho, évêque d'Autun. Cette belle cérémonie a été faite par *Monseigneur Frédéric - Gabriel - Marie - François de Marguerye, évêque d'Autun, Chalon et Mâcon, prélat assistant au trône pontifical,* en présence d'un grand nombre de personnes de Dompierre-les-Ormes et des paroisses voisines, qui ont été bien édifiées par l'éloquente allocution que leur a adressée M. François Constantin, curé de Saint-Julien-de-Jonzy. Les fonctions de maître des cérémonies ont été exercées par M. Naulin, curé de Saint-Pierre, de Mâcon ; celles de diacre et de sous-diacre, assistant Mgr l'évêque, par M. Meunier, vicaire de Saint - Christophe - en - Brionnais, et par M. Nevers, curé de Vauban, tous deux cousins germains de M. le curé de Dompierre-les-Ormes ; celles de diacre, dans l'intérieur de l'église, par M. Michon, curé de Saint-Gengoux-de-Scissé, originaire de Dompierre-les-Ormes, et enfin celles de prêtre célébrant la messe, par M. Truchot, archiprêtre et curé de Matour.

Les Ecclésiastiques, qui ont assisté à cette cérémonie, sont MM. 1° Monseigneur Frédéric-Gabriel-François-Marie de Marguerye, évêque d'Autun, Chalon et Mâcon ; 2° Pierre Miller, chanoine titulaire d'Autun ; 3° Jean-Claude Naulin, archiprêtre, curé de Saint-Pierre, de Mâcon, chanoine honoraire d'Autun ; 4° Henri Gilbert-Alexandre Thomas, ancien archiprêtre, curé de La Clayette, chanoine honoraire d'Autun ; 5° Jean-Marie Buy, archiprêtre, curé de Tramayes ; 6° Stéphen Truchot, archiprêtre, curé de Matour ; 7° Pierre Dufour, archiprêtre, curé de St-Bonnet-de-Joux ; 8° François

Constantin, ancien curé de Bourbon-Lancy et curé de St-Julien-de-Jonzy ; 9° Pierre-Antoine Farjaud, curé de Vendenesse-lès-Charolles ; 10° Benoît Dury, curé de Suin ; 11° Michel, curé de St-Racho ; 12° Devilleneuve, curé de Lugny-lès-Charolles ; 13° Labrosse, curé de Gibles ; 14° Chaintreuil, curé de Trambly ; 15° Briand, curé de la chapelle du Mont-de-France ; 16° Guillemet, curé de Montbellet ; 17° Nevers, curé de Vauban ; 18° Pelletier, curé de Brandon ; 19° Labrosse, curé de Verosvres ; 20° Lapraye, curé de Clermain ; 21° Chavanne, curé du Bois-Ste-Marie ; 22° Berret, curé de Trivy ; 23° Jeandeau, curé de Montagny-sur-Grône ; 24° Michon, curé de St-Gengoux-de-Scissé ; 25° Dumonceaud, curé de Meulin ; 26° Leclerc, curé de St-Symphorien-des-Bois ; 27° Balvay, curé de Curtil-sous-Buffières ; 28° Marcout, curé de St-Léger-sous-la-Bussière ; 29° le révérend père Caille, oblat de Marie immaculée, à Autun ; 30° le révérend père N..., capucin séculier de la Savoie ; 31° Meunier, vicaire de St-Christophe-en-Brionnais ; 32° Alévêque, vicaire de Digoin ; 33° Philibert, vicaire de St-Vincent, de Mâcon ; 34° Véro, vicaire de Gibles ; 35° Fenaillon, prêtre professeur au petit-séminaire de Semur-en-Brionnais ; 36° Damprun, prêtre, précepteur au château d'Audour ; 37° l'abbé Lapalus, clerc minoré, de Matour, et en 1872, supérieur du petit-séminaire de Semur-en-Brionnais, chanoine honoraire d'Autun, et 38° Mamessier, curé de Dompierre-les-Ormes.

Les laïques, qui ont été invités à cette cérémonie, sont : MM. Marie-Louis-Jean-Charles-André Martin

du Tyrac, comte de Marcellus, dont il sera parlé ci-après ;
Pierre Auduc ; Jean Michon, Antoine Thévenet ; Jean-
Marie Chatelet, tous les cinq, membres du conseil de
la Fabrique de l'église succursale de Dompierre-les-
Ormes ; François-Vincent Dufour, maire ; Jean-Marie
Roux, adjoint ; Jean-François Pondevaux, notaire et
ancien maire ; Jean-Jacques Michon ; Jean Giroux ;
Victor Auduc ; Louis Bonnetain ; Pierre Auduc ; Jean-
Marie Bénasse ; Jean-Marie Aucaigne ; Benoît Dargaud
et Jean-François Guillous, tous les douze, membres du
conseil municipal de la commune dudit Dompierre-les-
Ormes ; Giverdel, percepteur à La Clayette ; Jean-Marie
Grisard, de La Clayette, entrepreneur de la nouvelle
église de Dompierre-les-Ormes ; Pierre Bourisset,
instituteur communal de Dompierre-les-Ormes ; Benoît
Guillous, du Verdier ; Jean-Marie Mamessier, de
Dompierre-les-Ormes, et Emery Mamessier, de Saint-
Julien-de-Jonzy, tous deux frères de M. le curé de
Dompierre-les-Ormes, qui eut l'honneur et le plaisir
d'offrir à ses vénérés confrères et aux respectables laïques
précités un modeste dîner dans une des salles de la
maison de l'école communale.

CHAPELLES PRIVÉES

10. Chapelle de Dompierre. — Cette petite chapelle était située au bourg de Dompierre-les-Ormes, près et au midi de la maison possédée par M. Pierre Goyard et anciennement par M. Deschiseaux, bourgeois de Dompierre. Il est probable qu'elle avait été construite par la famille Deschiseaux, peut-être pour l'usage de M. Pierre Deschiseaux qui, en 1684, était chanoine de Saint-Antoine, en Dauphiné, ou de M. Claude Deschiseaux qui, en 1678, était sous-diacre et qui fut probablement ordonné prêtre quelques années après. Elle était sous le double vocable de saint Hubert et de saint Pierre, soit en souvenir du nom de baptême de M. Pierre Deschiseaux, précité, soit en souvenir de l'ancienne confrérie de Saint-Pierre-ès-liens, dont il a été parlé précédemment. Cette chapelle, que plusieurs personnes vivantes, en 1872, se rappellent avoir vue, a été détruite lors de la démolition de l'ancienne maison, près de laquelle elle était placée, et qui a été rebâtie telle qu'elle existe aujourd'hui.

3

Chapelle de Bois-du-Lin. — M. Jean-Baptiste Devoluet, né en 1757, à Fleurie, en Beaujolais, ancien notaire à Dompierre-les-Ormes, ancien juge de paix du canton de Matour, ancien conseiller général de Saône-et-Loire, et homme d'affaires du château d'Audour, décédé à Dompierre, le 26 décembre 1833, dans une notice manuscrite qu'il a rédigée en 1820 sur le canton de Matour, à la demande de M. le Préfet de Saône-et-Loire, assure qu'avant l'année 1784, il existait au hameau de Bois-du-Lin, paroisse de Dompierre-les-Ormes, et au matin de la cour de la maison bourgeoise de M. Eugène Cortambert, bibliothécaire à Paris, chevalier de la Légion-d'honneur, ancien conseiller général de Saône-et-Loire et auteur de plusieurs ouvrages de géographie, une vieille chapelle qui dépendait originairement de l'abbaye de Saint-Rigaud, fondée vers l'an 1060 dans la paroisse de Ligny, canton de Semur-en-Brionnais, et qui fut ensuite réunie à la commanderie de Mâcon de l'ordre de Malte, qui possédait des rentes sur le Bois-du-Lin, ainsi que le dit M. Courtépée dans sa description du duché de Bourgogne. Cette chapelle, sous le vocable de saint Jean-Baptiste, qui paraissait être une construction du quinzième ou du seizième siècle, et dans laquelle, selon une tradition locale, on avait coutume chaque année de chanter les vêpres le jour de la fête de saint Abdon, pour être préservé des maladies contagieuse, a été depuis longtemps démolie, et ses vestiges ont disparu depuis 1785, après la concession régulière qui en fut faite aux ancêtres de

M. Eugène Cortambert, précité. Il paraîtrait, d'après Courtépée et M. Devoluet, que cette vieille chapelle était primitivement un petit hôpital, établi par les seigneurs du lieu pour les lépreux, selon une antique tradition locale et de vieux titres que M. Devoluet avait lus et qui mentionnaient, non la chapelle, mais l'hôpital ou la maladrerie de Bois-du-Lin, c'est-à-dire hôpital pour les maladies de la lèpre, qui, dans le onzième, le douzième et le treizième siècles, étendit ses ravages dans une grande partie de l'univers.

Chapelle de Frouges. — Il existait, plus anciennement, au hameau de Frouges, paroisse de Dompierre-les-Ormes, près du château dont il sera parlé ci-dessous, dans une terre, appelée maintenant La Motte, et antérieurement Saint-Eustache, non-seulement un cimetière, mais encore une chapelle sous le vocable de saint Eustache, évêque d'Antioche, mort vers l'an 338. M. Devoluet, dans la notice dont il vient d'être parlé, déclare avoir eu à sa disposition plusieurs vieux titres qui faisaient mention tant de ce cimetière que de cette chapelle. Leur destruction, qui coïncide probablement avec celle du château, en 1420, n'a pas laissé de ruines particulières, puisque au rapport de M. Devoluet, on n'a pas ouï dire que dans les déblais successifs qui ont été faits, on ait trouvé, soit des tombes, soit des ossements humains.

Chapelle d'Audour. — Cette chapelle, qui a 10^{m}50 de longueur et 6 mètres de largeur, est située près de l'aile du château et dans le petit parc. Elle

est sous le vocable de la sainte Vierge, qui y était particulièrement honorée anciennement sous le titre de Notre-Dame de Paris, comme l'atteste M. l'abbé Cucherat dans son Romay et Sancenay, page 136. Des titres modernes des archives du château d'Audour mentionnent cette chapelle en 1622, 1703, 1749, et un autre titre des mêmes archives, écrit en latin et sur parchemin, est l'autorisation accordée, le 16 juin 1458, par le cardinal Rolin, évêque d'Autun, à M. Guy de Fautrière, alors seigneur et propriétaire d'Audour, de faire célébrer la sainte messe dans cette chapelle, non-seulement les jours ordinaires, mais encore les fêtes privilégiées. Il est probable que cette chapelle venait d'être construite à peu près dans le temps de la reconstruction de la maison forte et du château d'Audour, dont il sera parlé ci-après. Elle appartient maintenant à Mme la comtesse de Marcellus, née de Forbin, qui l'a fait restaurer et orner convenablement pour la célébration de la sainte messe, quand elle demeure dans son château d'Audour.

FONDATIONS

11. Ces fondations, dont plusieurs sont anciennes et difficiles à bien déterminer, parce que très-souvent leurs titres récognitifs ne mentionnent pas les titres primitifs, sont toutes éteintes depuis longtemps, soit à cause de la vente des anciens biens ecclésiastiques, soit par l'effet de la prescription.

Le 24 septembre 1409, selon acte reçu M° Depanier, notaire, vente au profit de M. le curé de Dompierre, par M. Etienne Robinet, habitant de Dompierre, des rentes seigneuriales par lui acquises de M. Jean de Marziac, seigneur de Matour, et situées au linage d'Audour, moyennant 55 messes et autant de *libera me* chaque année. Ces rentes ont été revendues à M. Jean de Lestoux, seigneur d'Audour, par M. André Deparis, curé de Dompierre, selon transaction par acte reçu M° Barraud, notaire, le 16 janvier 1614.

Le 7 avril 1499, selon acte reçu N..., fondation par M. Pierre Bourgeois, prêtre, de 1 fr. 20 hypothéqués sur plusieurs héritages situés à Poisolles et

à Trambly, pour douze messes par an ; c'est probablement la reconnaissance de la fondation faite le 14 avril 1449, de la même somme pour le même nombre de messes.

Le 13 mai 1548, selon acte reçu X., fondation par M. Gaspard de Fautrière, seigneur d'Audour, de la somme nécessaire à l'entretien d'une corde à l'une des cloches de l'église de Dompierre.

Le 6 décembre 1546, selon acte reçu Me Benoit Mathoud, notaire royal au Bois-Sainte-Marie, vente au profit de M. Raymond de Fautrière, curé de Dompierre, et de ses successeurs, par Me Philibert Balay, notaire royal, demeurant à Dompierre, et par Madame Allonse Babon, sa femme de lui dûment autorisée, de quatre petites portions de leurs dîmes, situées aux hameaux de Frouges, de Bois-du-Lin, de Lafay et de Laroche, moyennant deux messes et deux *libera* chaque semaine. Ces dîmes, acquises en partie des nobles Jean d'Amanzé et François d'Amanzé, frères, tous deux seigneurs de Chauffailles, pouvaient rendre annuellement la somme de 40 fr. en 1750, selon la déclaration, en date du 3 décembre 1750, par M. Antoine Tardy, curé de Dompierre, qui, en résignant sa cure, en 1784, se les étaient réservées.

Le 16 décembre 1546, selon acte reçu Me Benoit Mathoud, précité, vente à M. Raymond de Fautrière, curé de Dompierre, pour lui et pour ses successeurs, par Me Philibert Balay, notaire audit Dompierre, d'une maison et d'un jardin contigu, moyennant une messe tous les dimanches et un *libera me* et vigile des morts.

Cette maison qui, depuis longtemps, n'était qu'une masure, et cette parcelle de terre, ont été échangées, le 3 mai 1746, comme il a été déjà dit, entre M. Antoine Tardy, curé dudit Dompierre, et M. Claude Mathieu, comte de Damas, seigneur d'Audour, pour servir d'emplacement au champ des foires de Dompierre.

Le 2 octobre 1616, selon acte reçu M⁰ Alacoque, notaire royal, fondation de 30 fr. par Mᵐᵉ Jacqueline de Fautrière, dame d'Audour, moyennant une messe toutes les semaines.

Le 13 avril 1617, selon acte reçu M⁰ Deparis, notaire royal à Bois-du-Lin, fondation de la somme de 1 fr. par M⁰ Vincent Alacoque, notaire à Audour, pour un *libera me* tous les dimanches.

Le 15 octobre 1621, selon acte reçu M⁰ Alacoque, notaire royal, fondation de 12 fr. 02 c. par Benoît Bonnetain, de Meulin, pour douze messes chaque année. Cette fondation a été reconnue par Philiberte Bonnetain, veuve de Claude Robin, devant M⁰ Bonnetain, le jeune, notaire royal, le 16 juin 1778, et ensuite par Jean Robin, de Meulin, devant M⁰ Chaix, notaire royal, le 10 mai 1784, et contrôlé à Matour, le 20 mai 1787.

Le 15 octobre 1622, selon acte reçu M⁰ Alacoque, notaire royal, fondation, par Mᵐᵉ Jacqueline de Fautrière, dame d'Audour, d'une somme de 8 francs hypothéqués sur un pré, situé à Meulin, moyennant une messe le vendredi de chaque semaine à la chapelle d'Audour.

Le 12 mars 1638, selon acte reçu M⁰ Alacoque, notaire royal à Audour, fondation, par Mᵐᵉ Jacqueline

de Fautrière d'Audour, de 18 francs hypothéqués sur la dîme de Poisolles, pour une messe le samedi de chaque semaine à la chapelle d'Audour ou à l'église de Dompierre.

Le 15 septembre 1640, par actes reçus Mes Deparis et Alacoque, notaires royaux, vente, par M. Antoine d'Agonnaud, curé de Dompierre, d'une maison près de la cure ; de la moitié de la verchère de al cure, du côté de bise ; du pàquier de Combetteron, d'une contenance de 3 mesures, et de la terre de Combetteron, d'une contenance de 5 mesures, pour la célébration annuelle de 5 messes avec vigile des morts, le lendemain de la fête de saint Antoine, patron du fondateur. La maison est, en 1872, possédée par M. Claude Raffin ; la verchère de la cure, par M. Charles-Philibert Besson et par M. Jacques Jacquet, et le pàquier de Combetteron a été échangé par Antoine Tardy, curé de Dompierre, avec M. Claude Mathieu, comte de Damas, seigneur d'Audour, par acte sousseings-privés, du 3 mai 1746, ci-devant mentionné.

Le 6 janvier 1653, selon testament reçu Me Deparis, notaire royal, fondation d'une somme de 2 francs, par M. Pierre Auduc, pour une messe le 3 février de chaque année et un *libera me* tous les dimanches.

Le 24 décembre 1662, selon acte reçu Me Deschiseaux, notaire royal, fondation de 6 fr. 25 c. par Mme Antoinette Aumonier, veuve de Gabriel Cottin, et Guillaume Cottin, son fils, laboureur à Laroche, pour une messe avec *libera* tous les mercredi et vendredi des Quatre-Temps. Cette fondation a été ensuite desservie par Laurent

Augoyat et par M. le comte de Damas d'Audour, comme acquéreurs des biens sur lesquels elle était hypothéquée.

Le 7 juin 1663, selon acte reçu M⁰ Deschiseaux, notaire royal à Dompierre, reconnaissance de 1 fr. 87 c. de rente sur la terre des Rondes, située à Frouges, pour le service de la fondation de la Dame de Vaulx. C'est probablement la reconnaissance d'une partie de la fondation de 30 francs, faite le 2 octobre 1616 par Mᵐᵉ Jacqueline de Fautrière, dame d'Audour.

Le 16 juillet 1663, selon acte reçu M⁰ Deparis, notaire royal au Bois-du-Lin, fondation de 1 fr. 50 c. par Louis Laplace, pour trois messes par an.

Le 5 janvier 1665, selon acte reçu M⁰ Deschiseaux, notaire royal à Dompierre, vente, par Marie Mareschal, du pré des Ignest et d'une portion de la dîme de Frouges, donnée par Jean Mareschal, le 7 avril 1496, moyennant une messe le samedi des Quatre-Temps, et le mercredi avant le jour des Cendres, et un *libera me* tous les dimanches.

Le 9 mars 1665, selon acte reçu M⁰ Deparis, notaire royal à Bois-du-Lin, fondation de 2 fr. 25 c. par Claude Lallier, maçon à Dompierre, pour une messe, le 9 mars de chaque année, et un *libera me* tous les dimanches.

Le 24 mars 1665, selon acte reçu M⁰ Deparis, notaire royal à Bois-du-Lin, fondation de 1 fr. 50 c. par Mathieu Bailly et Michel Thevenot, de Bois-du-Lin, pour une messe le lendemain des trépassés.

Le 25 février 1666, selon acte reçu M⁰ Deschiseaux, notaire royal, vente d'un pré, situé au finage de Laroche,

par Jacques Tardy, de Laroche, moyennant douze messes avec *libera* tous les ans.

Le 15 mars 1670, selon acte reçu Mᵉ Deschiseaux, notaire royal, vente de la verchère Pottier, par Mᵐᵉ Françoise Philibert, veuve de M. Philibert Deschiseaux, pour une messe avec *libera* tous les mois.

Le 27 avril 1673, selon acte reçu Mᵉ Perrin, notaire royal, fondation de 1 fr. 75 c. par Jacques Guilloux, laboureur à Dompierre, moyennant deux messes basses avec *libera* au mois de mai de chaque année.

Le 21 juin 1676, selon acte reçu Mᵉ Bonnelain, notaire royal, fondation de 2 fr. 50 c. par Benoit Dumont, de Vigousset, paroisse de Montmelard, pour quatre messes chaque année, et un *libera me* tous les dimanches. C'est probablement la reconnaissance modifiée d'une fondation de pareille somme, créée le 17 novembre 1596 et hypothéquée sur une verchère possédée plus tard par Benoit Dumont, précité, et ensuite par Bourgeon, de Trivy.

Le 2 mai 1677, selon testament reçu Mᵉ Deparis, notaire royal à Bois-du-Lin, fondation de 2 fr. par Jean Deschiseaux pour une messe la veille des cinq principales fêtes de la sainte Vierge.

Le 2 août 1679, selon décret du Conseil de Paris, portant adjudication de la vente du quart d'Audour, reconnaissance, au profit des curés de Dompierre-les-Ormes, d'une rente annuelle de 18 fr. C'est proba-blement la reconnaissance de la fondation de 18 fr.

faite par Mme Jacqueline de Fautrière, dame d'Audour, le 12 mars 1638, ainsi qu'il a été relaté précédemment.

Le 4 février 1680, selon acte reçu Me Deparis, notaire royal, fondation de 0 fr. 50 c. par Benoit Desroches, de Dompierre, pour une messe le vingt du mois de mars de chaque année.

Le 4 février 1682, selon acte reçu Me Deparis, notaire royal à Bois-du-Lin, fondation de 0 fr. 50 c. par Benoit Desroches et Benoite Delafay, de Poisolles, moyennant une messe avec *libera* le vingt-un mars de chaque année. Autre fondation de 0 fr. 25 c. au profit de la Fabrique.

Le 2 mai 1682, selon acte reçu Me Deparis, notaire royal à Bois-du-Lin, fondation de 2 fr. 25 c. par Pierre Guilloux, de Dompierre, pour une messe avec *libera* chaque mercredi des Quatre-Temps. Cette fondation a été servie plus tard par Jean Noly, de Laroche.

Le 14 octobre 1684, selon testament reçu Me Deparis, notaire royal, fondation par M. Pierre Deschiseaux, chanoine de Saint-Antoine, en Dauphiné, de 4 fr., dont moitié pour quatre messes par an devant l'autel de la sainte Vierge, et une messe de *requiem* dans chaque octave de la Toussaint, et l'autre moitié pour une aumône à distribuer aux pauvres, par 0 fr. 50 c., à chacune des quatre messes précitées.

Le 6 juillet 1687, selon acte reçu Me Deparis, notaire royal, fondation, par Louis Narboux et sa femme, de 1 fr. 87 c. hypothéqués sur la verchère

des Rondes, moyennant une messe annuelle la première semaine de carême et un *libera me* tous les dimanches.

Le 6 juillet 1687, selon acte reçu M° Deparis, notaire royal, fondation, par Philibert Guilloux, de Frouges, de 1 fr. 50 c. hypothéqués sur la verchère des Champs-de-la-Croix, à Bois-du-Lin, pour une messe le trois novembre de chaque année.

Le 12 septembre 1688, selon acte reçu M° Deparis, notaire royal, fondation de 6 fr. par Mme Lucrèce Janin ou Germain, veuve de M. Claude Deschiseaux, notaire, moyennant douze messes avec *libera* chaque année. Cette fondation a été payée d'abord par Pierre Janeaud et Jeanne de Lafay, sa femme, et ensuite par Jacques Thomas, de Poisolles.

Le 16 mai 1690, selon testament reçu M° Deparis, notaire royal, fondation, par Pierre Guilloux, de Laroche, de 2 fr. 10 c. hypothéqués sur un pré, situé à Laroche, pour quatre messes chaque année.

Le 3 mars 1691, selon testament reçu M° Deparis, notaire royal, fondation de 0 fr. 75 c., par Pierre Clément, pour une messe avec *de profundis* chaque fête de la chaire de saint Pierre.

Le 27 septembre 1702, selon acte reçu M° Cortambert, notaire royal, fondation de 5 francs, par Jean de Lapalus et sa femme, de Monnet, pour dix messes basses par an. Cette fondation, hypothéquée sur un pré, situé à Monnet et appelé Pré-du-Moulin, a été reconnue d'abord par Toussaint Laroche, selon acte, du 17 avril 1741, reçu M° Bonnetain, notaire royal, et ensuite par Louis Laroche, de Monnet, fils et

héritier de Guillaume Laroche, qui était fils et héritier du susdit Toussaint Laroche, au profit de M. Jacques Plassard, curé de Dompierre, suivant acte reçu Me Chaix, notaire royal, le 11 avril 1787, contrôlé à Matour, le 19 avril 1787.

Selon traité du 21 décembre 1702, entre M. Claude-Hippolyte de Damas, et Jean Terrier et Benoîte Narboux, sa femme, transfert sur une terre, située à Frouges et appelée Sous-le-Moulin, d'une contenance de cinq mesures de seigle, d'une fondation de 1 fr. 87 c. hypothéqués sur la verchère des Rondes, aussi située à Frouges, et d'une contenance de trois mesures de froment. C'est le transfert de la fondation du 6 juillet 1687 ci-devant relatée.

Le 8 mai 1717, selon leur testament, par acte public, reçu Me Declessy, notaire royal à Ozolles, contrôlé à Matour, le 16 septembre 1719, et présenté le 6 décembre 1719 au siège présidial de Mâcon, pour être enregistré, M. Jean Deschiseaux, marchand à Dompierre et Madame Etiennette Duvivier, sa femme, ont affecté, à l'entretien d'une lampe devant l'autel de la sainte Vierge, pendant la messe de tous les jours de bonne fête, leur terre chenevière de la contenance d'environ un boisseau, située près de la maison des Meuniers, et joignant, de bise, le chemin de Dompierre à Bois-du-Lin ; de matin, soir et midi, les héritiers du seigneur de Chavance ; et encore, de midi et soir, la chenevière de Claude Aufrane.

Le 26 septembre 1728, selon acte reçu Me Cortambert, notaire royal, fondation de 10 francs, par

Louis Michon et Philippe Reboux, sa femme, moyennant neuf messes basses chaque année et six bénédictions par an, à savoir : le dimanche après la Toussaint, le lendemain de Noël, le dimanche après la Saint-Antoine, les lundi de Pâques et de la Pentecôte, et le dimanche après l'Assomption de la sainte Vierge. Ces six bénédictions ont été autorisées par ordonnance de Mgr l'évêque d'Autun, en date du 5 novembre 1729.

Le 11 novembre 1754, selon acte reçu Mᵉ Delacharme, notaire royal, reconnaissance par M. Claude Mathieu, comte de Damas, seigneur d'Audour, de la fondation de 10 francs, faite par les mariés Lapalus et Bonnetain.

Le 9 juillet 1775, selon acte reçu Mᵉ Delacharme, notaire royal à Matour, reconnaissance par M. Claude Mathieu, comte de Damas, seigneur d'Audour, de 28 francs de rente au profit de l'église de Dompierre-les-Ormes. C'est peut-être la reconnaissance, soit de la fondation de 18 francs, faite le 12 mars 1638, par Madame Jacqueline de Fautrière, dame d'Audour, et implicitement énoncée dans le décret d'adjudication de vente d'Audour, en date du 2 août 1679, ci-devant relaté, soit d'une autre fondation précitée de 10 francs, en date du 11 novembre 1754, montant ensemble à la somme de 28 francs, égale à celle de la rente dont il s'agit.

Une fondation de 30 francs, au profit de M. le curé de Dompierre-les-Ormes, à la charge de célébrer tous les mois deux messes basses avec *libera*, a été faite par Madame Etiennette Cortambert, veuve de M. Pierre Grandjean, de Gibles, selon son testament

olographe, du 21 mars 1776, paraphé, contrôlé et insinué à La Clayette, le 10 avril 1776, et a été hypothéquée sur un pré situé à Pezanin et dépendant du domaine des Meuniers, qui a été vendu à Jeanne Descombes, veuve de Louis Goyard, de Meulin, par Pierre Botheron, de Vareille-en-Brionnais, selon acte reçu Me Bonnetain, le jeune, notaire royal, le 19 avril 1785, contrôlé et insinué à Matour, le 23 avril 1785, et ratifié par Antoinette Ducray, femme dudit Pierre Botheron, selon acte reçu Me Bonnetain, notaire royal, le 20 avril 1785, contrôlé à Matour, le 23 avril 1785. Ce pré a été possédé par Antoine Seraud et Jeanne Descombes, sa femme, de Meulin, qui ont été condamnés à servir cette fondation par jugement de la justice de paix du canton de Matour, en date du 15 octobre 1792, registré audit Matour, le 27 octobre 1792.

Le 21 décembre 1780, selon acte reçu Me Perraud, notaire royal, reconnaissance par M. Claude Mathieu, comte de Damas, seigneur d'Audour, de la fondation de 11 fr. 35 c., selon le titre créatif en date du 5 novembre 1679.

AUMONES.

―――

12. Le 4 novembre 1547, selon testament reçu
M⁰ Benoît Mathoud, notaire royal au Bois-Sainte-
Marie, et M⁰ Philibert Mareschal, aussi notaire royal
à Froages, paroisse de Dompierre, M. Philibert Balay,
notaire royal, demeurant audit Dompierre, a constitué
une aumône annuelle et perpétuelle de vingt bichets
de seigle à la mesure du Bois-Sainte-Marie, qui
doivent être convertis en pain pour être distribué, en
sa maison de Dompierre, aux pauvres, une moitié le
jour des trépassés, et l'autre moitié le jour du Jeudi-
Saint, afin qu'ils prient Dieu pour le testateur et pour
ses parents et amis. Cette aumône a été hypothéquée
spécialement sur ses biens situés à Neuilly, paroisse
de Matour, et par lui acquis de Jean Chanus et de
Benoît Chanus, et en cas d'insuffisance, sur tous ses
autres biens, situés à Dompierre, à Lafay, à Audour
et autres lieux circonvoisins.

Il est intervenu pour l'exécution de ce testament
et pour la distribution de cette aumône, d'abord,
une ordonnance de M. le lieutenant de Mâcon, en

4

date du 10 juin 1604, ensuite deux sentences rendues au bailliage et siège présidial de Mâcon, le 8 janvier 1632 et le 18 août 1704, puis, trois autres sentences contre Madame de Saint-Belin, le 4 mai 1705, le 17 février 1716, et le 15 février 1727 ; enfin, trois procès-verbaux de la distribution des arrérages de cette aumône, s'élevant à 880 boisseaux, estimés 1,212 francs, et dûs par Madame de Saint-Belin, ont été dressés le 18 mai 1728, le 14 avril 1729 et le 28 décembre 1730, par M. Louis Cortambert, juge civil et criminel de Dompierre. M. Jean-Éléonore, comte de Damas, seigneur d'Audour, par autorité de justice de Mâcon, en date du 17 mai 1731, a été déclaré adjudicataire de la vente des biens provenant de M. Philibert Lalay et possédés par Madame de Saint-Belin. La reconnaissance de cette aumône a été faite par M. Claude Mathieu, comte de Damas, précité, le 9 juillet 1775, devant M° Delacharme, notaire royal, ainsi qu'il est constaté dans une délibération des habitants de Dompierre par acte reçu M° Delacharme, notaire royal, le 20 juin 1779, contrôlé à Matour, le 27 juin 1779, et où il est déclaré que cette aumône est de quatre-vingts mesures de seigle. De ces multiples documents, il résulte d'abord que les vingt bichets de seigle, à la mesure du Bois-Sainte-Marie, établis par le testament précité du 4 novembre 1547, correspondaient aux quatre-vingts boisseaux ou mesures de seigle de vingt kilogrammes chaque, ainsi qu'il est dit dans les actes récognitifs ; ensuite, que la distribution de cette aumône en pain et aux deux

jours indiqués par le susdit testament n'a été faite que jusqu'à l'année 1716 ; enfin que, depuis l'année 1728, du consentement des pauvres et des parties intéressées, elle a été faite en grain et en une seule fois : c'est encore de cette manière qu'elle est effectuée maintenant, en 1872, par l'arrière petite-fille de M. Claude Mathieu, comte de Damas, Madame la comtesse de Marcellus, née de Forbin, propriétaire du château d'Audour, qui fait, en outre, annuellement d'importantes aumônes en bois, en vêtements, en médicaments et en numéraire.

Une rente annuelle de 21 fr. 65 c., au profit des pauvres de Dompierre, a été constituée sur la province de Bourgogne par l'édit du mois d'août 1720, suivant certificat du 27 février 1723, ainsi qu'il est expliqué soit dans le procès-verbal précité du 18 mai 1728, soit dans la délibération aussi précitée du 20 juin 1779, soit dans une autre délibération du 12 décembre 1763, et dont le principal provenait d'un paiement d'arrérages par Pierre Bonnetain et Pierrette Robin, sa femme, comme il est dit dans le procès-verbal du 18 mai 1723, sus-mentionné. Il est probable que les arrérages dont il s'agit provenaient de la rente annuelle de 12 fr. sur Benoît Bonnetain, de Meulin, selon le titre créatif du 15 octobre 1621.

La délibération du 20 juin 1779, déjà citée, constate que 300 fr., provenant des rentes dues aux pauvres de Dompierre et reçues par M. Tardy, curé de Dompierre, selon procuration à lui passée, par ses paroissiens, devant Me Griffon, notaire, le 1er février 1756, ont été

placés en rente annuelle de 15 fr. sur Claude Dargand, laboureur à Trivy, suivant acte reçu M° Blanchard, notaire, le 26 avril 1762, reconnu d'abord par Pierre Marin, de Trivy, devant M° Delacharme, notaire, le 30 juillet 1779, et ensuite par Pierre Dargand, de Trivy, gendre dudit Pierre Marin, devant M° Delacharme, notaire, le 9 février 1789, contrôlé à Matour, le 18 février 1789. Cette rente a été transférée sur Louis Lapalus, des Mannetiers, et ensuite sur le domaine qu'il a vendu à M. Devoluet, alors juge de paix du canton de Matour, déjà plusieurs fois nommé.

ANCIENNE CURE. — SES IMMEUBLES.

---

13. L'ancienne cure de Dompierre-les-Ormes se composait d'un bâtiment d'habitation, d'une grange, de plusieurs écuries et d'une petite maison acquise de M. Antoine d'Agonnaud, curé de Dompierre, selon acte précité du 15 septembre 1640, et vendue selon acte reçu M° Delacharme, le 31 juillet 1775, par M. Tarly, à Jacques Petitjean, menuisier à Dompierre, moyennant une rente annuelle et perpétuelle de 7 francs.

Dans la vente ci-après relatée des biens de cette cure, il y eut réserve de la maison presbytérale avec un demi-arpent de terrain et autres dépendances ; mais l'adjudication en fut faite par l'administration centrale du département de Saône-et-Loire, le 4 juillet 1797, à M. Antoine Michel, de Mâcon, et à M. Vincent Genillon, ancien curé de Saint-Point qui, selon acte reçu M° Lagrange, notaire à Mâcon, le 17 janvier 1798, subrogèrent à leur droit, moyennant la somme de 1000 francs, Louis Michon et Antoine Vallet, tous deux de Dompierre-les-Ormes, qui, selon la déclaration écrite

de M. Génillon, en date du 28 juillet 1801, pro-
mirent aux vendeurs de rétrocéder à la commune de
Dompierre, en temps favorable, l'acquisition qu'ils
venaient de faire. Le 14 octobre 1824, par acte
reçu M° Marie-Dominique Royer, ils ont vendu à
M. Antoine Bajard le bâtiment d'habitation avec un
jardin et une terre, et sous réserve du droit de
puisage, et par un autre acte, ils ont vendu la grange
et les écuries, avec une parcelle de terre d'une contenance de 18 ares, à MM. Devoluet, Auduc et consorts, qui les ont converties en maison curiale vers
1812, et exhaussées, en 1824, à l'aide de souscriptions
volontaires et des ressources de la fabrique de l'église
dudit Dompierre, et enfin, selon délibération du conseil
municipal, en date du 18 mars 1833, revendues à la
commune sous réserve du droit d'appui sur le mur
nord de la petite salle, et avec maintien pour le presbytère du droit de puisage à l'ancien puits de la cure
et du droit de porte-échelle, qui avait été stipulé dans
l'échange du 13 mai 1746, déjà mentionné. Le droit
de puisage est devenu inutile depuis que la fabrique,
en 1867, a fait établir dans la cour du presbytère un
excellent puits qui a coûté 700 francs.

Les immeubles de l'ancienne cure de Dompierre-
les-Ormes se composaient : 1° d'une parcelle de terre,
appelée la Pièce-du-Saint, située près des Badoules
et mentionnée dans une transaction selon acte reçu
M° Ducroset, notaire à Matour, le 2 octobre 1499,
entre Jacques Bonnetain et M. Antoine de Laroche, curé
de Dompierre ; 2° d'un pré, appelé des Igoest, situé à

Frouges et mentionné dans l'acte précité de la fondation du 5 janvier 1665; 3° d'un petit jardin situé au matin de l'ancienne cure; 4° d'une terre, appelée Verchère de la Cure, située au midi de l'ancienne cure, et dont une partie, d'une contenance de 18 ares, forme actuellement le jardin et la petite verchère de la cure et dont l'autre partie est possédée par Jean-Pierre Bailly et Antoine Bajard; 5° d'une terre, de la contenance de 8 mesures de seigle, située au Champ-de-la-Croix, appelée anciennement Croix-des-Fleurs ou Croix-des-Rameaux, joignant, de matin et de midi. la terre de M. le comte de Damas; de soir et de bise, le chemin de Dompierre à Frouges par la Palissade, et qui est maintenant possédée par M. Poudevaux, les héritiers Chatelet, et par Bajard; 6° d'une petite place, de la contenance d'un bon coupon, joignant les écuries et la grange de l'ancienne cure, et sur laquelle ont été bâties les maisons de M. Poudevaux; 7° d'un bois taillis, de la contenance de six mesures du pays, situé au lieu dit Bois-de-la-Ligne; 8° d'une parcelle de terre, de la contenance d'environ deux mesures de seigle, située au bourg de Dompierre, provenant de la fondation faite par Me Philibert Balay, le 13 décembre 1545. pour une messe et un *libera* chaque dimanche, et servant maintenant, comme il a été déjà dit, de champ de foire; 9° d'une parcelle de terre, d'une contenance égale à celle de la verchère de l'ancienne cure, joignant, de midi. ladite verchère, provenant de la fondation précitée, faite le 15 septembre 1640. par Me Antoine d'Agonnaud, curé de Dompierre, et

possédée, en 1872, par MM. Charles-Philibert Besson
et Jacques Jacquet; 10° d'une autre terre, de la
contenance de cinq mesures, située à Combetteron, et
provenant de la susdite fondation de M. d'Agonnaud;
11° d'un pâquier, d'une contenance de trois mesures,
situé à Combetteron et provenant aussi de la fondation
de M. d'Agonnaud; 12° enfin d'un pré, d'une contenance d'environ trois mesures, situé à Laroche et provenant de la fondation précitée de Jacques Tardy, de
Laroche, en date du 25 février 1665. Par actes sous-
seing-privés, du 13 mai 1745, précédemment cités,
M. Antoine Tardy, curé de Dompierre-les-Ormes, dûment
autorisé par Monseigneur l'évêque d'Autun sur le rapport de M. l'archiprêtre du Bois-Ste-Marie, a échangé
la terre du Champ-de-la-Croix, n° 5°, ci-devant; la
petite place, joignant les écuries de la cure, n° 6°;
la grande place, servant maintenant de champ de
foire, n° 8°, et le pâquier de Combetteron, n° 11°,
avec M. Claude Mathieu, comte de Damas d'Autour:
1° contre une verchère, appelée de Combaillon, de la
contenance de dix mesures de froment, située aux
Meuniers, joignant, de matin, le chemin de Cluny au
Bois-Ste-Marie; de midi et un peu de soir, le jardin,
le seignet et la verchère de Bernard Dubost; de soir,
la terre de M. Louis Cortambert, et de bise, la terre
d'Antoine Noly et consorts; 2° contre une terre, une mo-
lière et un pâquier, joints ensemble, d'une contenance de seize mesures de blé-seigle, situés aux
Meuniers, au lieu appelé le Perret ou le Prat, joignant, de bise et de matin, la terre et le pré de Louis

Cortambert ; de midi, le reste de la terre de M. le comte de Damas d'Audour ; et de soir, le chemin des Meuniers à Frouges. Par la loi du 2 novembre 1789, tous les biens ecclésiastiques de la France furent mis à la disposition de la nation, à la charge par elle de pourvoir aux frais du culte et aux traitements des ministres. Par suite de cette loi, dans le courant des années 1793 et 1794, et au district de Charolles, dont dépendait alors Dompierre-les-Ormes, on vendit à plusieurs habitants du lieu tous les biens de la cure de la paroisse dudit Dompierre-les-Ormes, le bois, les prés et les terres, à l'exception des bâtiments et d'un demi-arpent de terrain qui furent vendus plus tard à Mâcon, le 4 juillet 1797, comme il a été dit ci-devant.

CURÉS DE DOMPIERRE-LES-ORMES

---

14. — La paroisse de Dompierre-les-Ormes, appelée anciennement Dompierre-en-Mâconnais, parce qu'elle dépendait du bailliage de Mâcon, n'était cependant pas du diocèse de Mâcon, supprimé par la bulle de notre Saint-Père le pape Pie VII, du 29 novembre 1801. Elle était, ainsi que celles de Matour, de Montmelard, de Trivy et de Meulin, du diocèse d'Autun et de l'archiprêté du Bois Sainte-Marie, qui était, en outre, châtellenie royale. Le collateur du bénéfice de Dompierre-les-Ormes était le très-révérend abbé de Cluny, qui avait ainsi le droit de présenter à Mgr l'évêque d'Autun le prêtre qui devait être nommé curé dudit Dompierre. Ce bénéfice était à portion congrue de 300 francs en 1750, et de 500 francs depuis l'édit du 13 mai 1768. Une partie de cette portion congrue était payée par les Bénédictins de l'abbaye de Cluny, selon acte reçu Me Deparis, notaire royal, le 2 avril 1688, et s'élevait à 120 francs en 1750. Le surplus provenait des produits de tous les immeubles de la cure, ci-devant énumérés, ainsi que l'atteste M. Antoine Tardy, curé de Dompierre, dans sa déclaration des revenus

de ce bénéfice, en date du 3 décembre 1750, en conformité de la déclaration du roi, en date du 17 août 1750, et par laquelle il certifie, en outre, que le produit annuel du casuel est d'environ 15 francs, que celui des novales est d'environ quinze mesures de seigle, et que celui d'une portion des dîmes du hameau de Laroche est d'environ trois mesures de seigle. Enfin, par cette déclaration, il porte à 30 francs les réparations annuelles des toitures et des murs des bâtiments qui sont faits de très-mauvais matériaux, et constate, d'après quittance, que les impositions annuelles, payées par lui à la Chambre ecclésiastique du diocèse d'Autun s'élèvent à la somme de 129 francs.

M. *Guy de Ruppe* ou *Guillaume de Laroche* était curé de Dompierre en 1192, ainsi qu'il résulte du testament de Me Jean Balay, notaire à Dompierre, instituant pour ses héritiers universels, par égale portion, ses fils Philibert Balay et Guy Balay, et reçu par M. Guy de Ruppe, curé de Dompierre, selon les lois civiles du temps qui reconnaissaient la validité des testaments faits pardevant le curé de la paroisse et trois témoins. Il était probablement parent, soit de Jean de Laroche qui, en 1374, était seigneur de Brandon, et était marié à Jeanne de Dalmas, dame de Coulanges et du châtelet de Brandon, soit de Philippe de Laroche, en faveur de qui Philippe-le-Hardi, duc de Bourgogne, érigea la terre de Brandon en baronnie, le 7 janvier 1376.

M. *Antoine de Laroche* ou *Archambaud de Rochette* était curé de Dompierre en 1499, comme il est constaté par une transaction du 6 mars 1499, entre

loi et Jean Delagrange, concernant plusieurs immeubles communs qu'ils possédaient à Dompierre.

M. *Jacques Delorme* était curé de Dompierre en 1529, selon un acte en date du 31 mars 1529, par lequel il s'engage à célébrer une messe basse le lundi de chaque semaine et toutes les fêtes solennelles, moyennant la rétribution annuelle de deux mesures de seigle par chaque habitant de Dompierre, tenant feu et labourage, et d'une mesure aussi de seigle par celui qui n'a que feu et lieu.

Noble et vénérable *dom Raymond de Fautrière*, seigneur de Vauls, était curé de Dompierre en 1546 et 1553, ainsi qu'il est prouvé : 1° par un acte notarié, du 16 décembre 1546, déjà mentionné et portant cession d'une partie des dîmes de Fronges par M. Philibert Balay et Alonse Babon, sa femme, pour la célébration hebdomadaire de deux messes avec *libera*, ainsi qu'il a été dit précédemment ; 2° par un autre acte, en date du 26 janvier 1553, où il est qualifié curé de Dompierre.

En 1549, il y eut des actes préliminaires pour la résignation de son bénéfice de Dompierre et pour l'acceptation d'un autre bénéfice plus avantageux. Mais ces actes n'aboutirent pas et rendirent inutile la présentation faite, le 14 juin 1549, par le cardinal de Lorraine, abbé de Cluny, de M. Guillaume Auduc, prêtre, pour la cure de Dompierre. Il était tuteur de M. Philibert de Fautrière, seigneur d'Audour, selon un acte du 24 avril 1552, et certainemet de la maison de Fautrière, qui a eu plusieurs châteaux, et en

particulier celui d'Anjour, dont il sera parlé ci-après.

M. *Claude Costrin* était curé de Dompierre en 1563, ainsi qu'il appert par l'acte de résignation de la cure de Dompierre, reçu M° Louis Bruin, notaire, le 23 mai 1563.

M. *Guillaume Bailly*, né à Dompierre, était curé et recteur de Dompierre en 1572, comme il est constaté par une transaction du 12 mai 1572, entre lui et dame Alix de Nagu, mère de Pierre des Loges, seigneur de Dompierre, relativement aux dîmes de Frouges, dont parle l'acte précité du 16 décembre 1516.

M. *Louis Dagon* était curé et recteur de Dompierre en 1582, ainsi qu'il est dit dans un acte d'acquêt du 9 janvier 1582, par M. Philibert de Poncerd, seigneur de Lafay, et dont un des témoins fut M. Louis Dagon, curé de Dompierre.

M. *Henri Vauzelle* était curé de Dompierre en 1593 et 1595. Il figure avec M. Louis Bonnetain, curé de Meulin, en qualité de témoin dans un acte d'acquisition, en date du 28 février 1595, au profit de M. Philibert de Poncerd, seigneur de Lafay, déjà nommé.

M. *André Deparis* était curé de Dompierre en 1611 et 1615, d'après une transaction faite, en 1611, entre lui et quelques habitants de la paroisse de Dompierre, sur les difficultés survenues pour le paiement des mesures de seigle en exécution de l'acte précité, en date du 31 mars 1529.

M. *Dominique Auduc*, dont les parents existent encore dans la paroisse, était curé de Dompierre en 1631. Son héritier universel fut M. Pierre Auduc, de

hameau des Ducs, paroisse de Verosvres, mari de dame Pierrette Alacoque, qui convola en secondes noces avec M° Jacques Labourier, qui était notaire à Trambly, en 1664. La famille Alacoque est peut être originaire de Dompierre, ou du moins, elle y a demeuré comme propriétaire. Les archives du château d'Audour, situé à Dompierre, mentionnent, en 1481, Jean Alacoque et Louis Alacoque sous le nom latin *Quoddinno*, comme habitants de Dompierre ; en 1511, Jean Alacoque et Antoine Alacoque comme vendeurs de leurs droits dans les bois d'Audour ; en 1513, Louis Alacoque, comme acquéreur d'une maison au hameau d'Audour ; en 1544, Guillaume Alacoque et Philibert Alacoque, de qui il est encore parlé en 1579. Ces mêmes archives et d'autres actes mentionnent aussi M° Vincent Alacoque, notaire à Audour en 1593 et 1627 ; M° Louis Alacoque, aussi notaire à Audour en 1612 et 1650 ; M. Jean Alacoque, curé de Verosvres en 1620 ; M. Antoine Alacoque, aussi curé de Verosvres en 1647 ; et dame Philiberte Alacoque, de Beaubery, mariée le 3 janvier 1658 avec François de Laroche, du hameau de Lafay, paroisse de Dompierre-les-Ormes, parent de Marie Laroche, actuellement sœur Marie-des-Anges de la congrégation de Saint-Joseph de Cluny. Tous ces personnages sont probablement parents de la bienheureuse Marguerite-Marie Alacoque, née le 22 juillet 1647, à Verosvres, paroisse voisine de Dompierre-les-Ormes, religieuse de la Visitation de Paray-le-Monial, décédée le 17 octobre 1690, et béatifiée par notre Saint-Père le Pape Pie IX, le 18 septembre 1864. Cette béatification

a été célébrée à Verosvres le lendemain de la consécration de l'église de cette paroisse, le 28 juin 1865, par
plusieurs cérémonies, toutes présidées par Mgr Bouange,
pronotaire apostolique, archidiacre d'Autun et de
Chalon, missionnaire apostolique, vicaire - général
d'Autun, et particulièrement par une procession de
cinq à six mille personnes, et où marchait un groupe
de jeunes personnes de Dompierre-les-Ormes en robes
blanches, la croix et la bannière de leur paroisse en tête,
tenant à leurs mains, les unes des oriflammes, et les
autres des petites bannières surmontées d'une croix,
ainsi que le raconte la *Semaine religieuse*, de Lyon,
3ᵉ année, nᵒ 29, page 457.

M. *Antoine d'Agonnaud* était curé de Dompierre
en 1640, comme le prouve l'acte précité du 15
septembre 1649, contenant donation d'une petite maison
située près de la cure, de la moitié de la verchère de la
cure, du côté de bise, d'une terre et du pâquier de
Combetteron, au profit des curés de Dompierre, à la
charge par eux de célébrer annuellement, à l'intention
du donateur, cinq messes avec vigile des morts, le lendemain de la fête de saint Antoine, son patron et celui
de la paroisse.

M. *Hilaire Perrier* était curé de Dompierre en
1649 et 1667, ainsi qu'il résulte de plusieurs actes
et particulièrement d'une transaction du 20 décembre
1664, reçue Mᵉ Guichard Barraud, notaire à Matour,
passée entre M. Hilaire Perrier, curé de Dompierre, et
les habitants dudit Dompierre, et portant en substance :
1ᵒ l'annulation des conventions déjà citées du 31 mars

1529 et de 1611, en exécution desquelles il y avait eu pourvoi en la justice d'Audour, puis requête à l'hôtel du roi, à Paris, le 29 septembre 1659, et enfin assignation à l'encontre des habitants de Dompierre, qui refusaient le paiement des mesures de seigle stipulées dans ces conventions; 2° la promesse de payer volontairement et gratuitement à M. le curé de Dompierre deux cents mesures de seigle en rémunération des services par lui rendus à la paroisse pendant l'instance du procès; 3° l'engagement pour M. Hilaire Perrier, curé de Dompierre, et pour ses successeurs, de dire la passion tous les jours au soleil levant, depuis la fête de l'invention de la sainte croix jusqu'à celle de son exaltation; de tenir à ses frais un vicaire à Dompierre, afin d'avoir avant la messe paroissiale une messe basse les dimanches et les fêtes, moyennant la rétribution annuelle de deux mesures de seigle et de deux gerbes, l'une de froment et l'autre de seigle, par chaque maison tenant feu et labourage, et d'une mesure de seigle par chaque maison tenant seulement feu sans labourage.

M. *Claude Alabernarde* a été curé de Dompierre, pendant toute l'année 1669, selon les registres de catholicité de Dompierre de cette année qui, avec plusieurs autres, sont dans les archives de la famille de M. Pierre Auduc de Laroche, ancien maire de Dompierre-les-Ormes qui, en 1859, a transféré son domicile à Vergisson.

M. *Pierre Perdon* a été curé de Dompierre de 1673 à 1687, ainsi qu'il résulte des registres de catholicité, précités et déposés dans les archives de

la famille Auduc. Une note, rédigée en 1676, par M. Pierre Perdon, curé de Dompierre et terminée par quelques-uns de ses successeurs, constate le nombre et le nom des terres incultes qui avaient été défrichées et converties en bois, en prés, en terres labourables et qui formaient ce qu'on appelait alors les novales. Ces parcelles de terrain étaient au nombre de 23 au bourg de Dompierre, de 18 à Audour, de 11 à Frouges, de 27 à Lafay, et de 16 à Bois-du-Lin. Ces multiples défrichements étaient dûs au progrès de l'agriculture et à l'augmentation du nombre des habitants de la localité.

M. *Archambaud Monnier-de-Bois-Franc, sieur de Lessand* et seigneur en partie de Dompierre-les-Ormes, a été curé dudit Dompierre, de 1687 à 1708, comme il est prouvé par les registres de catholicité dont on vient de parler. Le 1er septembre 1699, la visite pastorale de l'église de Dompierre-les-Ormes fut faite par commission de Mgr Gabriel de Roquette, évêque d'Autun, signée M. Dinier, secrétaire de l'évêché, et probablement ordonna l'interdiction de l'autel de la chapelle de saint Philibert, pour n'être pas dans la décence convenable, ainsi qu'il est dit dans la visite épiscopale des 10 et 11 juin 1703, ci après relatée. Une requête fut adressée, au nom de M. Archambaud-Monnier, à M. le lieutenant-général au bailliage et au siège présidial de Mâcon, et acceptée le 20 novembre 1699 contre les habitants de Dompierre, qui faisaient difficulté de payer les mesures de seigle et les gerbes de froment et de seigle déterminées dans la transaction pré-

citée du 20 décembre 1664, tant pour la récitation de la passion aux jours indiqués que pour la tenue d'un vicaire dans la paroisse de Dompierre. M. Archambaud-Monnier eut aussi quelques difficultés avec M. Jean-Éléonore de Damas, seigneur d'Audour et de Dompierre, principalement parce que ce seigneur avait fait placer le pilori de sa justice dans un endroit qui offusquait M. le curé, et parce qu'il avait nommé, selon le droit qu'il avait alors, un marguillier qui ne remplissait pas ses devoirs, malgré les avertissements réitérés de M. le curé.

Le 10 et le 11 juin 1705, Monseigneur Bertrand de Senaux, évêque d'Autun, confirma dans l'église de Dompierre-les-Ormes les paroissiens de Dompierre, de Trivy, de Meulin et de Montmelard, présentés par leurs curés, et fit ensuite la visite de l'église de Dompierre, ainsi que le tout est prouvé par le procès-verbal qui en fut rédigé et dont la copie ci-dessous est due à l'obligeance de M. l'abbé Pouly, chancelier actuel de l'évêché d'Autun.

Visite de l'église de Dompierre-les-Ormes par Mgr de Senaux, évêque d'Autun, en 1705. — « Le dixième de juin, nous sommes parti de Matour, « pour nous rendre à Dompierre-les-Ormes, où, « étant arrivé, nous avons trouvé un grand nombre « de personnes qui nous attendaient à l'église et sur « le cimetière, et particulièrement les paroissiens de « Trivy, venus en procession et conduits par M. Pierre « Clément, leur curé. Après avoir salué le Saint- « Sacrement et fait notre prière, nous avons été « conduit par M. Archambaud Monnier, curé dudit

« lieu, en la maison presbytérale où, ayant pris
« rochet, camail et étole, nous sommes retourné à
« ladite église, où nous avons confirmé tous ceux
« qui se sont présentés, tant de Dompierre et de Trivy
« que des autres lieux. Le lendemain, onzième jour
« de juin, fête du Saint-Sacrement, nous avons employé
« toute la matinée au service divin, et à faire la proces-
« sion du Saint-Sacrement que nous avons porté,
« étant accompagné tant des ecclésiastiques qui sont à
« notre suite : Dufeu, vicaire-général ; Nicolas Morel,
« promoteur ; François de Lacroix, secrétaire ; Etienne
« Chaussar, archiprêtre, curé de Saint-Jean-de-la-
« Grotte, que de quelques autres du voisinage ; ensuite,
« notre vicaire-général a célébré la grand'messe.
« Environ les deux heures après-midi, nous sommes
« retourné à l'église et nous y avons confirmé les
« paroissiens de Meulin, conduits par M. Etienne
« Dufour, leur curé ; ceux de Montmelard, présentés
« par M. Besson, leur curé.
      « Il y a à l'église quatre autels très-pauvrement ornés ;
« le seul maître-autel nous a paru être dans la décence
« requise ; le tabernacle, de bois doré, dont le fond
« est doublé d'une feuille de papier de fleurs imprimées,
« dans icelui est un ciboire d'argent non doré et un
« petit soleil d'argent. Du côté de l'Évangile, au
« haut de la nef et contre le pilastre qui soutient le
« clocher et la façade du chœur, est l'autel de
« Notre-Dame, dont l'image est en relief au-dessus,
« sans aucun autre ornement, sinon trois nappes et
« deux petits chandeliers de bois. Du côté de l'épitre

« et vis-à-vis de celui de Notre-Dame est un autre
« autel sans aucun ornement. Tout au bas de la nef,
« du côté de l'Évangile, est une chapelle voûtée dont
« l'autel est nu, interdit pour n'être pas dans la
« décence convenable. Les fonts baptismaux sont au
« bas de la nef à main gauche en entrant; sur iceux un
« couvercle de bois garni de pointes de fer; en
« iceux un grand bassin de cuivre contenant les eaux
« baptismales, un bassin d'étain pour les recevoir et un
« petit vaisseau d'étain pour l'infusion; les saintes
« huiles sont conservées dans une fenêtre fermant à
« clef dans le sanctuaire du côté de l'Évangile. Dans
« ledit sanctuaire, et du même côté de l'Évangile,
« est une petite armoire en forme de crédence, et dans
« la susdite armoire sont conservés les ornements :
« 1° un calice d'argent, dont la coupe et la patène
« sont dorées par dedans; 2° un petit ciboire portatif
« non doré; 3° une chasuble blanche de brocart,
« deux autres blanches, l'une de camelot et l'autre de
« futaine, une de camelot vert, deux noires, une de
« velours et l'autre de camelot, une de velours ciselé
« qui sert pour le rouge, une de damas violet, cinq
« aubes, six nappes d'autel, quatre corporaux, plusieurs
« purificatoires, des voiles de calice de toute couleur
« d'étoffe de soie.

« Le corps de l'église est en assez bon état en
« ce qui concerne le pavé, le vitrage et la couver-
« ture qui est en tuiles creuses, excepté celle du
« clocher qui est de laves, et dans lequel il y a
« deux cloches. Il y a deux confessionnaux au bas

« de la nef, qui n'est qu'à demi-lambrissée. Il y a au
« bas une tribune qui n'est point achevée. »

M. *Pierre Poësy*, né en 1668, a été, de 1709 à
1737, curé de Dompierre-les-Ormes, où il est décédé
le 14 août 1743, ainsi que le constatent les registres
de catholicité précités. Ce fut de son temps que le
célèbre père Bridaine, missionnaire, et M. Louis
Agut, fondateur de la congrégation des sœurs du Saint-
Sacrement d'Autun, donnèrent, en 1735, à Matour,
une mission à laquelle prirent part, soit à Matour,
soit peut-être dans leur église, les habitants de la
paroisse de Dompierre-les-Ormes, où il a été érigé une
croix commémorative, dans un lieu depuis ce temps
appelé Croix-de-Mission et situé près du bourg de
Dompierre. La croix en bois a été remplacée par
une autre en pierre de taille achetée par la veuve
Besson, meunière à Pézanin.

M. *Antoine Tardy*, né en 1702, à Meulin, où
étaient situés les immeubles affectés à son titre
clérical, docteur en théologie, vicaire de Dompierre-les-
Ormes, en 1731, ensuite curé de cette paroisse de
1737 à 1784, est décédé audit Dompierre, le 15 juin
1790, selon les registres de catholicité déjà cités et les
autres qui sont dans les archives de la commune. Par
actes sous-seings privés, du 13 mai 1746, déjà plusieurs
fois mentionnés, il a échangé, par autorisation épiscopale après supplique et enquête, plusieurs immeubles
de la cure contre d'autres immeubles qui appartenaient
à M. le comte de Damas d'Audour, et qui ont été
précédemment désignés. Par sa déclaration, aussi pré-

citée, du 3 décembre 1750, sur les revenus et sur les charges de la cure de Dompierre-les-Ormes, il établit le produit annuel du casuel, des dîmes, des novales, des fondations qu'il énumère, celui des immeubles qu'il énumère pareillement, et enfin la quotité de ses impositions et des réparations des bâtiments, ainsi que le tout a été plus amplement expliqué ci-devant. Un acte de la châtellenie royale du Bois-Sainte-Marie, en date du 12 août 1751, constate l'acquiescement, légalement donné par quelques habitants du hameau de Bois-du-Lin, à une sentence de ladite châtellenie, en date du 15 juillet 1751, ordonnant un interlocutoire sur la perception de certaines dîmes dans les fonds appelés Boiries, ce qui était l'objet de l'instance entre M. Tardy, curé de Dompierre et les susdits habitants de Bois-du-Lin, qui s'en désistèrent avec promesse de restitution de fruits et de paiement des dépens du procès. Une délibération de l'assemblée des principaux habitants de Dompierre, du 12 décembre 1763, par acte reçu M° Cramponne, notaire royal, contrôlé à Charolles, le 17 décembre 1763, fixe les salaires annuels du marguillier de Dompierre à deux gerbes de seigle par chaque habitant qui cultive avec deux jougs et au-dessus, et à une gerbe aussi de seigle par celui qui ne cultive qu'avec un joug, et, en outre, à dix sols pour l'enterrement d'une grande personne, et à cinq sols pour celui d'un enfant, sous les conditions de faire les fosses et les enterrements, d'assister M. le curé dans toutes les fonctions qui requièrent assistance, de balayer l'église au moins une fois par semaine, d'ôter

les toiles d'araignée de l'église et de sonner les cloches
à la manière accoutumée. Une autre délibération des
habitants de Dompierre - les - Ormes, en date du
29 septembre 1783, répartit le paiement des dépenses
pour la refonte d'une des cloches de l'église, et en met
un sixième à la charge des habitants de la partie beaujolaise de la paroisse, et les cinq autres sixièmes à
celle des habitants de l'autre partie de la paroisse.
L'acte de résignation de la cure de Dompierre-les-
Ormes, par M. Antoine Tardy, titulaire, a été passé
pardevant M° Delacharme, notaire royal, le 23 septembre
1783, et la résignation n'a été consommée que le
16 mars 1784, au profit de M. Jacques Plassard,
qui assura trois cents francs de rente viagère à son
prédécesseur.

M. *Jacques Plassard*, né probablement à Saint-
Germain-des-Bois, canton de La Clayette, ordonné
prêtre en 1764, nommé d'abord, le 2 avril 1765,
vicaire de Saint-Symphorien-de-Marmagne, ensuite, en
1767, vicaire de Dompierre - les - Ormes, puis, le
17 mars 1777, directeur des Ursulines de Montcenis;
enfin, le 16 septembre 1778, curé dudit Saint-Germain-
des-Bois, d'où, après avoir été, le 4 octobre 1783,
reconnu idoine pour Dompierre-les-Ormes, il en fut
nommé curé le 16 mars 1784. Ce fut en 1790 que,
sans quitter sa cure de Dompierre, il fut élevé à la
dignité d'archiprêtre pour l'archiprêtré du Bois-Sainte-
Marie, dont il demanda à être déchargé à cause de
ses infirmités et y eut pour successeur M. Gallet, curé de
Matour. Il est décédé au mois de mai 1803 à Saint-

Germain-des-Bois, chez ses parents qu'il était allé visiter. Ce fut probablement dans le courant de l'année 1794 qu'il fut incarcéré à Charolles, district dont dépendait alors Dompierre-les-Ormes. Mais à cause de ses infirmités, il ne fut pas exilé ni déporté. Ce fut aussi dans ce temps qu'on envoya de Charolles quelques soldats et un petit canon, dont ils tirèrent un coup à poudre sur la place publique de Dompierre-les-Ormes pour intimider plusieurs femmes de cette commune et de celle de Meulin qui avaient lancé des pierres contre certains agents publics qui étaient venus brûler les objets de l'église de Dompierre, cachés dans le caveau de la chapelle de saint Philibert, dont il a été parlé. Tous ces faits sont prouvés, d'abord par les archives de l'évêché d'Autun, dont M. Pouly, chancelier, a bien voulu donner connaissance, ensuite par les registres de catholicité de la paroisse de Dompierre-les-Ormes, et enfin par les traditions locales de Dompierre et de Meulin.

M. *Jean Gelin*, né à Montmelard, le 15 juillet 1753, curé de Dompierre-les-Ormes du 1ᵉʳ janvier 1804 au 31 août 1809, ensuite curé de Sainte-Cécile, est décédé, le 4 mai 1840, à Cluny, où il s'était retiré depuis plusieurs années à cause de son grand âge et de ses infirmités, ainsi qu'il résulte tant des registres de catholicité de la paroisse de Dompierre-les-Ormes, que de l'*Ordo* du diocèse d'Autun pour l'année 1841.

M. *Joseph Molard*, né à Mâcon, le 16 décembre 1752, vicaire de Fleurie, en Beaujolais, et ensuite de Saint-Marcel, de Cluny, puis curé de Pressy-sous-Dondin avant la révolution, et après curé de Saint-Point, en

1802, et nommé, le **24** novembre **1810**, curé de Dompierre-les-Ormes, où il est décédé, le **11** novembre **1823**, ainsi qu'il est prouvé par les archives précitées de l'évêché d'Autun, par plusieurs autres documents, et enfin par les registres de catholicité de la paroisse de Dompierre-les-Ormes. Au mois de février **1811**, il a établi la confrérie du Saint-Sacrement, qui a été renouvelée le 1er octobre **1834**. Dans le courant de l'année **1812**, par ses soins, le presbytère de Dompierre-les-Ormes, avec un jardin et une parcelle de terre contiguë, contenant ensemble **18** ares, a été acheté par la commune dudit Dompierre, puis payé et mis en état convenable par des souscriptions volontaires, ainsi qu'il a été déjà dit. Ce fut aussi par ses soins, qu'en **1816**, l'église de Dompierre fut agrandie, comme on l'a aussi dit, à l'aide des ressources de la fabrique et de divers matériaux donnés par Mme la comtesse de Dortan, née de Damas, alors propriétaire du château d'Audour. Il a enfin fait acheter le Christ suspendu dans l'arc triomphal de la nouvelle église et peindre le tableau de la sainte Vierge et celui de saint Antoine, tels qu'ils existent encore aujourd'hui. Il eut, pour héritière universelle, son unique nièce, Mme Joséphine Molard, femme de Me Mercuzot, huissier à Montcenis, qui intenta à plusieurs propriétaires de Dompierre et de Meulin, en paiement des cinq dernières années de supplément de traitement de son oncle, un procès en première instance à Mâcon, où il fut gagné et ensuite perdu en cour royale d'appel à Dijon.

M. *Joseph Lebault*, né à Cluny, le 6 février **1768**,

vicaire de Gourdon avant la révolution, et après professeur de troisième au collège de Cluny, ensuite curé de la Chapelle-du-Mont-de-France, et enfin curé de Dompierre-les-Ormes, du 1er février 1824 au 26 avril 1834, est décédé le 31 août 1859 à Cluny, où il s'était retiré à cause de ses infirmités. Ce fut par ses soins, ainsi qu'il a été dit précédemment, qu'en 1824 on exhaussa et qu'on répara la maison curiale de Dompierre à l'aide des ressources de la fabrique, et qu'en 1829, on acheta les deux cloches qui, outre la valeur de l'ancienne, ont coûté, y compris plusieurs frais, près de 6,000 fr., dont 1,000 de souscriptions volontaires, 2,000 d'impositions extraordinaires, et 3,000 des ressources de la fabrique. Le parrain de la grosse cloche a été M. le comte de Marcellus, et la marraine, Mme de Forbin, comtesse de Marcellus, sa femme; le parrain de la petite cloche a été M. Pierre Auduc de Laroche, maire de la commune, et la marraine, Mme Philiberte Trichard, sa femme.

M. *Jean-Louis Mamessier*, curé de Dompierre-les-Ormes depuis l'année 1834, est originaire du Brionnais et de la paroisse d'Anzy-le-Duc, célèbre par son église et par son prieuré de Bénédictins, dont le dernier titulaire a été, de 1782 à 1792, Monseigneur Roch-Etienne, comte de Vichy, évêque d'Autun, de 1819 à 1829, conseiller d'État et pair de France, et est né, le 25 septembre 1807, dans la maison du moulin du Cray, qui appartenait alors à ses parents, et dans laquelle, pendant la révolution de 1793, M. Pompanon, natif d'Ozolles, ancien jésuite, curé de Sainte-Foy, près de

Semur, où il est décédé en 1802 ou 1803, fut, après avoir célébré la messe, arrêté par les agents de l'autorité et menacé d'être jeté à la rivière par trois hommes, qui ont péri misérablement, l'un par une rupture d'entrailles, l'autre par un éboulement de terre, et le dernier par la chûte imprévue de la clef de voûte d'un mur d'une ancienne chapelle qu'il démolissait. Il a eu pour grand'tantes maternelles deux religieuses, l'une Ursuline et l'autre Visitandine à Bourbon-Lancy, les révérendes sœurs Catherine Meunier et Louise Meunier, qui, après la révolution, ont pendant longtemps tenu et dirigé l'école des filles de Semur-en-Brionnais, lorsque M. Bonnardel était curé de la paroisse. Par leurs prières et leurs conseils, elles déterminèrent à étudier, pour être prêtres, trois de leurs petits-neveux, M. Jean Meunier, né à Briant et décédé curé de Vitry-en-Charollais, le 25 avril 1870 ; M. Emiland Nevers, né à Oyé et curé de Vauban, et M. Jean-Louis Mamessier, ordonné prêtre le 16 juin 1832, vicaire de La Clayette, du mois de juillet 1832 au mois de mai 1834, nommé curé de Dompierre-les-Ormes, le 20 mai 1834 et installé le 15 juin 1834. Il a réorganisé le conseil de fabrique de Dompierre, le 11 juillet 1834, renouvelé la confrérie du Saint-Sacrement et établi celle du Saint-Scapulaire le 1er octobre 1834. Le dimanche 6 mars 1836, Monseigneur Bénigne-Urbain-Jean-Marie du Trousset-d'Héricourt, évêque d'Autun, accompagné de M. Bauzon, vicaire-général, et de M. Devoucoux, secrétaire particulier de Monseigneur, célébra la sainte messe dans l'église de Dompierre, y

confirma les paroisses de Dompierre, de Meulin et de Trivy, et fit ensuite la visite de l'église, dont procès-verbal fut dressé. M. Mamessier a aussi établi la confrérie de l'Immaculée-Conception de la sainte Vierge et le chemin de la Croix, le 17 mai 1841. Il a enfin établi les exercices du mois de Marie et une neuvaine annuelle en l'honneur de l'Immaculée-Conception, à laquelle la paroisse a été consacrée, le 8 décembre 1843, selon la recommandation de M. le curé d'Ars. Il a coopéré à la translation du cimetière en 1845, et à la reconstruction de l'église en 1847, ainsi que le tout a déjà été expliqué. Le samedi 11 septembre 1852, Mgr Frédéric-Gabriel-Marie-François de Marguerye, évêque d'Autun, accompagné de M. Genty, aumônier des sœurs de Saint-Joseph, de Cluny, et de M. Pompanon, secrétaire particulier de Monseigneur, confirma, dans l'église de Dompierre-les-Ormes, les paroisses de Dompierre-les-Ormes, de Montmelard, de Trivy et de Meulin. En 1853, MM. les conseillers municipaux de Matour firent à M. le curé de Dompierre-les-Ormes l'honneur de le demander, à son insu, par pétition collective à Monseigneur l'évêque d'Autun, pour archiprêtre et curé de Matour, en remplacement de M. Lagay, décédé le 18 février 1853, ce qu'il aurait refusé par attachement à ses paroissiens. Il a fait, en 1857 et 1858, embellir l'église de Dompierre, qui a été consacrée le 16 septembre 1858, comme il a été dit précédemment. Du 1ᵉʳ au 20 du mois novembre 1858, M. Louis Juillet, chanoine titulaire et vicaire général honoraire d'Autun, et

M. Leaumorto, aumônier de l'hôpital de Charolles, ont donné une mission paroissiale, dont ont profité tous les habitants adultes de Dompierre, sauf trente, et en souvenir de laquelle la fabrique a fait ériger devant la façade de la petite nef nord de l'église, une croix gothique, qui a été taillée et sculptée par M. Vernay, de Vareille-en-Brionnais, et qui a coûté 450 fr. Pendant la retraite pastorale de 1861, à laquelle assistait M. le curé de Dompierre, Monseigneur l'évêque d'Autun lui fit l'honneur de lui proposer une cure de canton, qu'il crut ne pas devoir accepter à cause de son attachement à sa paroisse. En 1863, il a coopéré à l'établissement d'une école libre de jeunes personnes de la paroisse, dans un local appartenant à Madame la comtesse de Marcellus, comme il sera expliqué ci-après. Le 25 décembre 1863, il a fait, comme il a déjà été dit, la cérémonie solennelle de la translation de quatorze reliques de saints, déposées dans deux petites châsses gothiques en cuivre doré, achetées par la fabrique. Enfin, en 1870, à l'occasion d'une grave et longue fluxion de poitrine qu'il éprouva, il fut extrêmement touché de l'intérêt que lui portèrent, non-seulement ses paroissiens, mais encore un très-grand nombre d'habitants des paroisses circonvoisines, sans doute à cause des conseils et des médicaments qu'il leur avait donnés dans la mesure de ses ressources et qui lui attirèrent une reconnaissance de prières et de vœux pour le rétablissement de sa santé.

VICAIRES DE DOMPIERRE-LES-ORMES

15. Il est fait mention des vicaires de Dompierre, soit dans le testament précité de M° Jean Balay, notaire à Dompierre, en date du 3 mai 1492, reçu par M. le curé de Dompierre, en présence de M. Jean Vadon, vicaire, un des témoins, soit dans le testament aussi précité de Philibert Balay, en date du 4 novembre 1547, soit enfin dans d'autres actes, et particulièrement dans les registres de catholicité de la paroisse de Dompierre-les-Ormes. Une convention, ci-devant relatée, en date du 16 décembre 1664, entre M. Hilaire Perrier, curé de Dompierre, et les habitants de la paroisse, avait réglé les conditions de la tenue d'un vicaire à Dompierre pour le service de la paroisse.

M. *Jean Vadon* était vicaire de Dompierre en 1492, comme il vient d'être dit ; M. *Deschamps* l'était en 1665 ; et M. *Bourgeois*, en 1666. M. *de Laforêt*, prieur de Drompvent, paroisse de Verosvres, a exercé le saint ministère, à Dompierre, en 1674.

Le prieuré de Drompvent dépendait de l'abbaye de Lancharre, instituée pour les chanoinesses nobles, et transférée, en 1626, à Chalon-sur-Saône. M. *Villion* était vicaire de Dompierre en 1675; M. *Deboul*, en 1689; et M. *Clément*, en 1690. M. *Burtin*, curé de Beaubery, a exercé les fonctions de desservant à Dompierre en 1711, et le frère *Léandre*, récollet, en 1712. Étaient vicaires de Dompierre : M. *Tardy*, en 1720; M. *Antoine Tardy*, de 1731 à 1737, puis curé de Dompierre de 1737 à 1784; M. *Jacques Plassard*, de 1767 à 1776, et curé de Dompierre de 1784 à 1803, et enfin M. *Ducray*, en 1780.

AUMONIERS DU CHATEAU D'AUDOUR

16. M. *Vincent Genillon*, né le 1er juin 1757, bachelier de Sorbonne, était, en 1782, aumônier du château d'Audour, situé dans la paroisse de Dompierre. Il fut curé de Saint-Point avant la révolution, et après curé de Chapaise, puis de Jalogny, et est décédé, le 14 mai 1848, à Saint-Point, où il s'était retiré. Il a été un des trois acquéreurs de la célèbre église abbatiale de Cluny, qui était la plus grande de toutes les églises après celle de Saint-Pierre, de Rome. Il a aussi été, comme il a été déjà dit, un des deux acquéreurs de la cure de Dompierre, qu'il rétrocéda à MM. Louis Michon et Antoine Vallet. M. *Clerger*, ancien curé de Beaubery, était aumônier du château d'Audour au commencement de la révolution, ainsi que le disent plusieurs vieux habitants de Beaubery. M. *Charles Thevenet*, parent de Madame Philiberte Thevenet, femme de M. Etienne Deschiseaux, de Dompierre-les-Ormes, curé de Saint-Georges-de-Reneins, en 1786, puis chanoine d'Aigueperse, a exercé le saint ministère à Meulin aux mois de janvier et de février 1806, et a

été ensuite aumônier du château d'Audour. C'est pourquoi il était appelé M. le chanoine d'Audour. M. *Toussaint Ruquin*, né à Ligny, le 27 octobre 1790, vicaire de La Clayette, puis curé de Joncy, et ensuite de Colombier-en-Brionnais, a été, de 1849 à 1851, aumônier du château d'Audour, où il est décédé le 7 octobre 1851. Il est auteur de la *Double année pastorale*, qui a été imprimée à Lyon en 1837.

PRÊTRES NÉS A DOMPIERRE-LES-ORMES.

17. M. *Guy Ballifet*, prêtre et frère de Me Benoit Ballifet, notaire à Dompierre en 1460 et 1471, était probablement né audit Dompierre, où il possédait une maison contiguë à celle de son frère, et vendue à M. Pierre Bergier. M. *Pierre Bergier*, prêtre, dont il vient d'être parlé, était aussi probablement né à Dompierre, où il avait acquis la maison précitée. M. *Gabriel de Fautrière* était probablement fils de Claude de Fautrière et d'Agnès de Drompvent, selon un acte de 1568, et oncle de Guy de Fautrière, seigneur d'Audour. Ses lettres de prêtrise, datées de 1496, se trouvent dans les papiers de famille des archives du château d'Audour, paroisse de Dompierre. M. *Guy Balay*, fils de M. Jean Balay, notaire à Dompierre et de dame Jeanne Traillier, et frère de M. Philibert Balay, aussi notaire à Dompierre, et dont il était parsonnier, c'est-à-dire commensal, prêtre et prieur de Drompvent, était né à Dompierre-les-Ormes, ainsi qu'il résulte de plusieurs actes de 1526 et de 1549, dans les archives du château d'Audour. M. Phili-

cuteurs testamentaires, et des administrateurs de ses biens légués à M. Philibert Poncerd, son petit-neveu. M. *Denis Ducrot* est qualifié prêtre de la paroisse de Dompierre dans un acte de vente d'immeubles, en date du 8 octobre 1560, au profit de Jean Burtin. M. *Pierre Deschiseaux*, chanoine de Saint-Antoine, en Dauphiné, était né à Dompierre-les-Ormes, ainsi qu'il résulte de l'acte de fondation précité du 14 octobre 1684. M. *Claude Deschiseaux*, fils de M. Philibert Deschiseaux et de dame Françoise Philibert, de Dompierre, était sous-diacre en 1678, ainsi qu'il est relaté dans un acte du 12 janvier 1678, concernant les enfants de M. Philibert Deschiseaux, récemment décédé. M. *Antoine Michon*, né à Dompierre-les-Ormes, a été vicaire de Montmelard, de 1787 à 1789; curé de Saint-Bonnet-des-Bruyères, dans le Beaujolais, ensuite de Vendenesse-les-Charolles, et enfin de La Clayette, où il est décédé, en 1829, M. *Louis Michon*, né à Dompierre-les-Ormes, le 14 janvier 1820, aumônier de la ferme agricole de Mont-bellet, en 1848, vicaire de Lugny, en Mâconnais, en 1850, et enfin, en 1853, curé de Saint-Gengoux-de-Scissé, où il est décédé le 26 août 1864. Il était petit-neveu de M. Antoine Michon, curé de La Clayette, précité, et oncle de M. Jean-Marie Michon, de Dompierre, élève du grand séminaire d'Autun, en 1872, et de Jenny Michon, aussi de Dompierre, sœur saint Louis de la congrégation du Saint-Sacrement d'Autun.

CHATEAU DE FROUGES.

---

18. Le hameau de Frouges est mentionné dans l'acte de fondation de Crosan, aujourd'hui Saint-Cyr, paroisse de Montmelard, daté de 1067, rapporté par M. l'abbé Cucherat, abbaye de Saint-Rigaud, où, pages 58 et 60, il est parlé de Gaufredus de Frotgias ou Gauzfredus de Frotgias, Geoffroy ou Gaufredy de Frouges, bienfaiteur de Crosan, ainsi que Durand de Montmelard, Geoffroy de Semur et Dalmace de Roanne. Le château de Frouges était situé près du hameau de ce nom, dans une terre appelée anciennement Saint-Eustache, et ensuite Lamotte, à l'intersection des chemins de Frouges à Dompierre-les-Ormes, et de Frouges à Audour; c'est pourquoi le château de Frouges est appelé dans la paroisse le château de Lamotte, qu'il ne faut pas confondre avec un ancien château situé à Brandon, appelé aussi château de Lamotte, acheté par M. Philibert de Fautrière, seigneur d'Audour, qui, depuis ce temps, se qualifia toujours seigneur de Lamotte. L'enclos assez vaste qui renfermait le château de Frouges, sa chapelle, sous le vocable de

saint Eustache, et son cimetière, dont il a été parlé
précédemment, était entouré d'un fossé, dont on
reconnaissait encore les traces en 1820, ainsi que
le dit M. Devoluet dans une notice manuscrite déjà
citée. On ignore en quelle année ce château-fort
avait été construit; mais sa destruction, qui probablement,
a emporté celles de la chapelle et du cimetière, est
antérieure à l'année 1420, comme le raconte M. Devoluet.
Il paraît qu'il aurait été reconstruit au même endroit
quelque temps après, puisque dans un acte, en date du
21 juin 1524, contenant vente au profit de M. Georges
de Foudras et de dame Isabeau de Farnier, dite
Dagrain, sa femme, seigneur de Matour et de
Chateauthier, par M. Jacques des Haut et dame
Claude de Ferrière, sa femme, seigneurs en partie
de Frouges, il est fait mention de leurs biens indivis,
consistant en granges, maisons, colombier, château et
forteresse. Il est probable que M. Philibert de
Fautrière, seigneur d'Audour, ayant acheté, en 1585,
toute la seigneurie de Frouges, en ait fait, quelques
années après, démolir le château et la forteresse, qui
lui étaient inutiles. Cependant, M. Devoluet assure
qu'en l'année 1780, il existait encore un puits qui était
d'une forme extraordinaire, et qui a été comblé avec des
pierres, dont les premières qui y furent jetées faisaient
résonner comme si elles fussent tombées dans un
grand espace voûté. Ce fut aussi vers l'an 1780
qu'on retira des ruines de ce château quelques
pierres grossièrement taillées, et d'autres pierres des
escaliers qui descendaient dans des souterrains.

Dans les travaux de fouille et de déblai exécutés postérieurement et à plusieurs reprises, on a trouvé divers ustensiles en fer, et, entre autres, des fourchettes à deux pointes et à un manche très-court ; on a aussi trouvé quelques vieilles médailles en cuivre, presque entièrement détériorées, sauf cinq que possédait M. Devoluet, en 1820, et qui paraissaient représenter le même personnage dans les différents âges de la vie : enfance, virilité et vieillesse. Sur l'une de ces médailles on pouvait encore lire ces mots latins : AVG. PIVS, qui signifient *Augustus Pius*, Auguste le pieux, et au revers est une figure longue et frêle avec un *S* au côté gauche, et un *C* au côté droit qui veulent peut-être dire, second consul, ou subrogé-consul. Enfin, à une distance assez éloignée du château de Frouges, près de l'ancien chemin de Dompierre à Combetteron, par la rue Laurent, dans un pré appartenant à M. Jean-Marie Jambon, on a trouvé, en 1861, cinq médailles en cuivre dont l'inscription est illisible, et dix autres en argent, dont trois avec l'inscription : *Henricus rex Francorum et Angliæ*, Henri, roi de France et d'Angleterre ; trois autres portant l'inscription : *Carolus rex Francorum*, Charles, roi de France ; et quatre avec cette inscription : *Philippus dux et comes Burgundiæ*, Philippe, duc et comte de Bourgogne. Ces médailles modernes, qui n'ont pas de valeur artistique à raison de leur multiplicité, sont en la possession de M. Auguste Combier, qui en a fait l'invention. Malgré les fouilles et les déblais dont il vient d'être parlé, les ruines du château de Frouges étaient encore

assez considérables, en 1820, pour former un monticule circulaire d'environ trente mètres de diamètre, sur trois mètres de hauteur. Dans des fouilles, pratiquées en 1854, on a découvert une antique grosse clef en fer, qui a été déposée au château d'Audour, et des murs formant un rectangle, dont la hauteur était de deux mètres, la longueur, sur le grand côté, de neuf mètres, et sur le petit côté, de sept mètres, avec une porte au matin, ayant un mètre quarante centimètres de largeur. Tous les murs en élévation et quelques-uns de ceux en fondation ont été démolis et enlevés, et les décombres ont été disséminés sur le terrain contigu, en sorte que depuis ce temps-là, on ne distingue leur emplacement que par une petite élévation,

La seigneurie de Frouges ou de La Tour de-Frouges, avait une justice haute, moyenne et basse, non-seulement à Dompierre, mais encore à Neuilly, paroisse de Matour, ainsi qu'il est dit dans l'acte de foi et d'hommage par messire Guyot de Vaulx, en date du 20 avril 1459, qui énumère les dépendances de ladite Tour, consistant en maisons, granges, prés, terres, trois étangs, en un domaine, dit de Jandet-de-Frouges, et en un autre provenant de Guillim Porte de Frouges.

M. *Guyot de Vaulx*, marié avec damoiselle *Pierrette de Saffier*, était seigneur de Frouges et de Faulin en 1455 et 1459, comme il est rapporté, soit dans l'acte précité de prestation de foi et d'hommage, du 20 avril 1459, soit dans un autre acte, en date du 17 juin 1455, soit, enfin, dans un acte du 10 février 1483, où il est parlé de dame Pierrette de Saffier, veuve de noble Guyot

de Vaulx, seigneur de Frouges. Il était probablement
parent, d'abord, de M. Guichard de Vaulx, qui, en 1384,
se fit rétrocéder, par droit lignager, le fief de Latoule,
paroisse de Trambly, et ensuite du sieur de Vaulx, dont
parle l'*Annuaire* de Saône-et-Loire de 1865, et qui,
en 1474, était lieutenant du duc de Bourgogne et tenait,
à Mâcon, garnison de 40 lances et de 80 archers.
M. Guyot de Vaulx et dame Pierrette de Saffier
eurent deux filles, Marguerite de Vaulx, qui n'eut
qu'un tiers de la terre seigneuriale de Frouges, et
Marie de Vaulx, qui hérita des deux autres tiers.

Damoiselle *Marguerite de Vaulx* fut mariée à
M. *François de Ferrière*, ainsi qu'il résulte d'un
acte du 2 février 1480 ; d'un autre, précité, du 10 février
1483 ; encore d'un autre, du 11 janvier 1499, et
d'un autre, du 3 juin 1516, où ils sont qualifiés
seigneurs de la Tour-de-Frouges. M. François de
Ferrière et dame Marguerite de Vaulx eurent trois
filles, leurs héritières, à savoir :

1° Mademoiselle *Philiberte de Ferrière*, qui probablement fut mariée ou vendit sa part héréditaire à
noble Pierre de Farnier, qui, selon l'acte en date
du 6 février 1570, vendit ses droits de la terre
seigneuriale de Frouges à dame Alix de Nagu, veuve
de Christophe des Loges et mère de Pierre des Loges,
ci-après mentionné ;

2° Mademoiselle *Claude de Ferrière* fut mariée à
noble *Jacques Des-Haut*. Ils vendirent, le 21 juin
1524, leur part des biens de la seigneurie de Frouges,
consistant en maisons, château, forteresse, etc., à

M. Georges de Foudras et dame Isabeau de Farnier, seigneurs de Matour et de Châteanthier, et qui, par procuration passée à M. Jean Marquer, la revendirent à dame Alix de Nagu, sus-nommée, par acte du 6 février 1570 ;

3° Mademoiselle *Jacqueline de Ferrière* qui, le 22 juin 1529, vendit le tiers de la terre seigneuriale de Frouges, indivise pour les autres tiers avec ses deux sœurs précitées, Philiberte de Ferrière et Claude de Ferrière, à M. Philibert de Nagu, seigneur de Faulin, qui, en 1544, revendit cette acquisition à M. Philibert Balay, notaire à Dompierre et propriétaire à Lafay.

Damoiselle *Marie de Vaulx* fut mariée à M. *Jean de Nagu*, comme il est prouvé : 1° par un acte du 13 avril 1493, qui mentionne M. Jean Nagu, seigneur de Frouges ; 2° par une transaction de 1493, entre M. Jean d'Amanzé et M. Jean de Nagu de Faulin-Frouges, d'une part, et M. le curé de Dompierre, qui cède ses droits sur les dîmes de Frouges pour deux mesures d'excellent froment ; 3° par un acte de 1513, qui parle de noble Marie de Vaulx, veuve de M. Jean de Nagu, seigneur de Faulin. M. Jean de Nagu était de la maison de Nagu dont parle le *Dictionnaire de noblesse* ; son père fut Philippe de Nagu, et son grand-père, M. de Nagu de la Varenne, chevalier, seigneur de Magny, décédé en 1300. M. Jean de Nagu était parent de Jeanne de Nagu, fille de Louis de Nagu, seigneur de Magny et de Philiberte de Blenost, qui, par contrat passé à Villefranche, en

Beaujolais, devant M° Devaux, notaire royal, le 30 septembre 1428, épousa M. Jean de Damas, damoiseau, seigneur de Vanoise, neveu de M° Amphore de Saint-Haon, seigneur de Verpré.

M. *François de Nagu* et M. *Philippe de Nagu*, son frère, étaient seigneurs de Frouges en 1499, selon un acte du 27 novembre 1499.

M. *Philibert de Nagu*, marié avec damoiselle *Philippe de Nagu*, était seigneur de Frouges en 1516 et 1547, comme il appert, soit par un acte de 1516, qui lui donne la qualification de seigneur de Faulin et de Frouges, soit par l'acte précité du 22 juin 1529, contenant acquêt d'une partie de la seigneurie de Frouges par M. Philibert de Nagu, seigneur de Faulin, soit enfin par le testament nuncupatif de M° Philibert Balay, notaire à Dompierre, en date du 4 novembre 1547, par lequel il établit, pour l'un de ses exécuteurs testamentaires, M. Philibert de Nagu, seigneur de Faulin et de Frouges.

M. *Jean de Nagu*, dont la femme était dame *Philiberte des Loges*, est qualifié seigneur en partie de Frouges, par un acte du 13 février 1584. Il est probablement le même que M. Jean de Nagu de la Varenne, qui, en 1593, était gouverneur de Mâcon et avait pour lieutenant le seigneur de Champerny. Il est probable qu'il avait vendu les deux tiers de sa seigneurie de Frouges à M. Nicolas des Loges, vraisemblablement son allié, qui, en 1569, était conseiller du roi et lieutenant à la sénéchaussée de Lyon, et de qui les acheta, par un acte du 13 octobre 1566, dame *Alix*

de Nagu, probablement sœur ou parente de M. Jean de Nagu, mais alors veuve de M. *Christophe des Loges*, et mère de Pierre des Loges, et dame de Frouges, ainsi qu'il est dit dans des actes de 1566, 1567, 1573 et 1582, et peut-être aussi parente de M. Simon des Loges, chambellan de Louis XI, roi de France, grand-écuyer de Bourgogne, qui, au quinzième siècle, fit ériger une chapelle gothique au Val-Saint-Benoît, paroisse d'Epinac. Au jugement de Monseigneur Devoucoux, décédé évêque d'Evreux, et ancien vicaire général d'Autun, le style de la nouvelle église de Dompierre-les-Ormes aurait quelque ressemblance avec le caractère architectural de cette chapelle.

Par acte du 13 février 1584, M. Jean de Nagu et dame Alix de Nagu vendirent leur terre seigneuriale de Frouges à demoiselle *Barthélemye de Martel*, probablement parente de Lucrèce de Martel, fille de Gaspard de Martel, seigneur de Marcilly, de Terzé et de Chassigny, et de Georgette de La Garde, et mariée, selon contrat du 9 novembre 1603, à M. Antoine de Damas, premier du nom, seigneur de la Bastie, des Tours et de la Pilonnière.

Suivant un acte, du 20 février 1585, demoiselle Barthélemye de Martel fut obligée de rétrocéder, par droit lignager, son acquisition de la terre de Frouges à M. *Pierre des Loges*, précité, fils de M. Christophe des Loges et de dame Alix de Nagu, venderesse de ladite terre seigneuriale, conjointement avec M. Jean de Nagu, comme il vient d'être dit. Cette rétrocession fut faite en exécution d'une sentence de

M. le lieutenant-général de Mâcon, et fut confirmée par un autre acte du 8 novembre 1585.

Enfin, selon un acte du 12 décembre 1585, noble Pierre des Loges vendit sa terre et sa seigneurie de Frouges à M. *Philibert de Fautrière*, seigneur d'Audour, qui, probablement, avait déjà acquis les autres dépendances de cette terre seigneuriale, ou qui, du moins, les acquit peu de temps après, en sorte que depuis cette époque, la terre et la seigneurie de Frouges ont été possédées intégralement par les seigneurs d'Audour, avec justice haute, moyenne et basse et signes patibulaires à trois piliers, dont deux rière le Beaujolais, et un au Mâconnais, selon les termes des actes d'autorisation, en date du 27 avril 1587 et du 2 septembre 1587, déposés aux archives du château d'Audour, lesquelles contiennent encore, en date du 8 novembre 1694, la prestation de foi et d'hommage au duc d'Orléans, baron du Beaujolais, par M. Claude-Hippolyte de Damas, à cause de sa seigneurie de la Tour de Frouges.

CHATEAU DE LAFAY.

19. Le château de Lafay, mentionné dans la description du duché de Bourgogne par M. l'abbé Courtépée, et dans plusieurs *Annuaires* de Saône-et-Loire, n'était cependant pas situé au hameau de Lafay, comme on pourrait le croire d'après ces documents, mais bien au bourg de Dompierre-les-Ormes, devant la façade de l'église et sur l'emplacement des bâtiments actuels de MM. Bajard, Thomas, Besson, Pondevaux, Jacquet et Mme la comtesse de Marcellus. D'après un plan de Dompierre, qui paraît ancien, mais qui, toutefois, est postérieur à l'année 1746, ce château, appelé aussi quelquefois château de Dompierre, avait environ 32 mètres de longueur et 7 mètres de largeur. Les bâtiments, soit d'habitation, soit à fourrage qui lui étaient contigus du côté du soir, avaient 25 mètres de longueur et 12 mètres de largeur. Ce château, quoique situé au bourg de Dompierre, était communément nommé château de Lafay, parce qu'il appartenait aux seigneurs de Lafay, qui y faisaient leur résidence habituelle.

Les premiers actes qui mentionnent ce bâtiment, le

nomment simplement maison, d'autres actes le nomment maison seigneuriale, ou encore château de Dompierre ; enfin, le procès-verbal de visite qui ui faite après l'adjudication de la terre de Lafay et de ses dépendances au profit de M. Jean-Eléonore de Damas, seigneur d'Audour, en date du 17 mai 1731, le nomme petit château ; mais, comme il fut trouvé en mauvais état, et que d'ailleurs il était inutile à l'acquéreur, il fut démoli et remplacé par les bâtiments ci-devant indiqués.

Le premier propriétaire connu de ce château a été M. *Jean Balay*, dit l'Ancien, selon les expressions d'un acte de 1474. Il était probablement de la *maison de Balay* qui, selon le *Dictionnaire de noblesse*, était connue, dès 1274, comme originaire de Bourgogne et propriétaire du château de Balay.

Un de ses fils fut M. *Jean Balay*, notaire à Dompierre, marié, le 18 janvier 1479, avec *Jeanne Traillier*, fille de Guillaume Traillier, natif de la paroisse d'Igé. Selon un acte du 15 février 1486, il demeurait à Audour, où il possédait une maison et une grange. Par un acte, en date du 2 juillet 1488, il acheta, au finage d'Audour, un pré et deux terres près de sa maison, dont il vient d'être parlé. Suivant un autre acte, en date du 11 mai 1491, il acquit de M. Claude Balay, son frère, deux domaines situés à Lafay et provenant de Me Benoît Balliffet, notaire à Dompierre en 1460 et 1471, d'après les archives du château d'Audour ; enfin, par son testament, en date du 3 mai 1492, reçu Me Guy de Ruppe, curé de Dompierre, il établit pour ses héritiers universels, et par égale portion, ses

deux fils, Guy Balay, qui fut prêtre et prieur de Drompvent, et Philibert Balay.

M. *Philibert Balay*, notaire à Dompierre, marié, le 25 janvier 1510, à *Alonse Babon*, fille de M. Philibert Babon, aussi notaire et bourgeois au Bois-Sainte-Marie. Par acte du 6 février 1528, il acheta de noble M. Jean de Ponceton et de dame Marguerite de Drompvent, sa femme, une maison qu'ils avaient au bourg de Dompierre, laquelle provenait de Me Benoît Balliffet, notaire précité, et tenait à celle de M. Pierre Bergier, prêtre, par lui acquise de M. Guy. Balliffet, aussi prêtre et frère dudit Benoît Balliffet. Par son testament, si souvent mentionné et daté du 4 novembre 1547, il légua à M. Guyot Peramer, son cousin, une maison qu'il possédait à Cluny; à M. Antoine Traillier et Guillaume Traillier, femme de M. Jean Charpy, de Cluny, aussi ses cousins, une autre maison qu'il avait à Mâcon, constitua une aumône annuelle et perpétuelle de quatre-vingts mesures de soigle, distribuable en deux fois et en pain, dans sa maison de Dompierre, et hypothéquée sur ses biens, situés à Neuilly, paroisse de Matour, et enfin institua pour son héritier universel son petit-neveu, M. Philibert de Poncerd, et par substitution, Jeanne de Montchanin, sa nièce, Antoine Traillier et Guillaume Traillier, femme de Charpy, ses cousins précités.

M. *Philibert de Poncerd*, seigneur de Lafay et de Lamotte-Fombreuil, paroisse de Gibles, était fils de M. Jean de Poncerd, bourgeois au Bois-Sainte-Marie et de Jeanne de Montchanin, nièce de Philibert Balay,

7

et probablement fille de M. Jean de Montchanin, juge au Bois-Sainte-Marie, en 1541, et de dame Georgette de Fautrière, et épousa, selon acte du 21 avril 1567, damoiselle *Louise de Digoine*, sœur, ou au moins parente de M. Gilbert de Digoine, seigneur du Palais, et de M. François de Digoine, doyen de Semur-en-Brionnais. Alix de Poncerd, une de leurs filles, fut mariée, le 26 juillet 1598, à M. Jean de Testenoire de Saint-Christophe-la-Montagne, et Barthélemye de Poncerd, l'autre de leurs filles, épousa, le 16 décembre 1612, M. François de Testenoire, écuyer, seigneur de Vanjon, et demeurant à Trades. Par son testament, en date du 14 août 1616, M. Philibert de Poncerd, seigneur de Lafay et de Lamotte-Fonbreuil, institua pour son héritier universel son fils, qui suit :

M. *Gilbert de Poncerd*, marié, selon contrat du 28 mars 1628, à *Claire de Nompère*, et décédé en 1629.

M. *Vincent de Poncerd* et M. *Guillaume de Poncerd*, tous les deux probablement frères ou au moins parents de Gilbert de Poncerd, étaient seigneurs de Lafay en 1641.

M. *Saladin de Fontelle*, écuyer, seigneur de Chavance, dont la femme était *Jacqueline de Poncerd*, de la maison de Poncerd, était seigneur de Lafay en 1652, 1664 et 1675, ainsi qu'il résulte, soit d'un traité du 12 juillet 1652, relativement à un règlement des fondations précitées des 16 décembre 1546 et 16 janvier 1614, soit d'une transaction, aussi précitée, du 20 décembre

1664, dans laquelle intervint M. Saladin de Fontelle, en qualité de seigneur de Lafay, soit de plusieurs autres actes des archives du château d'Audour et de divers documents où il est souvent nommé, M. de Chavance, à cause de sa seigneurie de Chavance.

Damoiselle Marie-Rénée de Collombet de Gissé, dont le frère était M. Alexandre de Collombet, comte de Gissé, et dont la mère était fille de M. Saladin de Fontelle et de Jacqueline de Poncerd, sus-mentionnés, et veuve de M. *Joseph-François de Saint-Belin,* écuyer, seigneur de Fontaine-en-Dues-Mois, canton de Baigneux-les-Juifs, arrondissement de Châtillon-sur-Seine, département de la Côte-d'Or, possédait la seigneurie de Lafay en qualité de douairière, ainsi que le tout résulte de plusieurs actes de 1689 à 1739.

Par autorité de justice, de Mâcon, du 17 mai 1731, et par contrat du 30 mai 1739, la seigneurie de Lafay et les biens qui en dépendaient furent vendus à M. *Jean-Éléonore, comte de Damas, seigneur d'Audour,* moyennant une somme qui y est fixée et une rente annuelle et viagère de 325 francs pour Madame veuve de Saint-Belin. Les biens de la seigneurie de Lafay se composaient d'un château, situé au bourg de Dompierre, de deux domaines situés audit bourg, de deux autres à Lafay, d'un, situé à Laroche, et d'un autre, situé à Meulin, selon un procès-verbal de visite faite à l'occasion de cette vente, ainsi qu'il a été dit précédemment. Depuis cette acquisition, M. de Damas d'Audour a toujours ajouté à ses titres celui de seigneur de Lafay, et, néanmoins, il a reconnu, ainsi que ses successeurs, que

cette seigneurie de Lafay n'emportait aucun droit hono-
rifique, ce qui est une exception à cet adage : *A tout
seigneur, tout honneur.*

FIEF ET PRÉVÔTÉ DE MONNET.

20. Le hameau de Monnet est mentionné dans l'acte de fondation de Crosan, aujourd'hui Saint-Cyr, paroisse de Montmelard, en date de 1067, où, en latin, on lit : *Girbaldus Viridus qui decimam de Molneto dedit,* c'est-à-dire : Giraud ou Girard de Vers ou du Verdier, qui a donné à Crosan la dime qu'il possédait à Monnet. Cette dime, qui était une rente noble, appartenait à l'abbaye de Saint-Rigaud, dont dépendait Crosan, et qui, le 20 janvier 1710, en fit la cession viagère moyennant une redevance annuelle à M. Jean-Éléonore de Damas, seigneur d'Audour. Le fief de Monnet est relaté dans la description du duché de Bourgogne, déjà citée, et la prévôté ou justice de Monnet est mentionnée dans le susdit acte du 20 janvier 1710 ; dans un autre, de 1674, qui parle de M° Guichard Barraud, juge de la prévôté de Monnet, et dans plusieurs autres plus récents, qui mentionnent M. Bonnetain, juge de la prévôté de Monnet. Le fief de Monnet, encore quelquefois nommé fief du Verdier, parce que les possesseurs habitaient le Verdier, appartenait, en 1664,

à messire *Jacques de Naturel*, écuyer, seigneur de Valletine, demeurant au Pas, paroisse de Montmelard, dont les ancêtres étaient probablement M. Philibert de Naturel, juge en 1493 de la seigneurie de Frouges, et M. Benoît de Naturel, notaire et bourgeois au Bois-Sainte-Marie, en 1514, et dont un des descendants, M. Pierre-Maurice Naturel de Valletine, a vendu le Verdier, le 23 août 1752, à M. Etienne Larochette, et Pierrette Gelet, dont la fille unique et héritière, Jeanne-Marie Larochette, se maria avec M. Jacques Combier, de Commerçon, dont les descendants ont possédé le Verdier jusqu'au 3 avril 1857, époque à laquelle ils le vendirent à M. Antoine-Camille Clayeux, de la Clayette, qui, le 23 décembre 1863, l'a revendu à Madame Louise-Antoinette de Rambuteau, fille de M. le comte de Rambuteau, ancien préfet de la Seine, veuve de M. Louis-Alphonse de Rocca, et domiciliée au Bois-Sainte-Marie, où elle a formé différents établissements de bienfaisance pour le soulagement des indigents.

CHATEAU D'AUDOUR.

21. Le nom de ce château et du hameau qui l'entoure est écrit de plusieurs manières dans les anciens titres : Odour, Oudour, Oudoure et généralement Audour dans les actes modernes et dans quelques vieux titres, et paraît dériver, ou du mot latin *Odor*, qu'on trouve dans un acte précité, du 16 juin 1458, relatif à la chapelle d'Audour, et qui signifie parfum, peut-être parce que, selon l'acte d'établissement des foires et des marchés d'Audour, en date du mois d'août 1630, ce château était situé dans *un très-beau et bon pays*, ou bien du mot grec *udor*, qui signifie eau, probablement à cause d'une fontaine voisine du château et fournissant en tout temps une eau abondante. De multiples détails sur les possesseurs de ce château et sur ceux des châteaux du voisinage étaient donnés par de très-vieux titres et surtout par un ancien terrier, formé d'un rouleau en parchemin de six mètres de longueur, qui remontait au treizième siècle, et qui a été brûlé en 1793, ainsi que le déclare, dans une notice déjà souvent citée, M. Devoluet, ancien

homme d'affaires d'Audour et juge de paix du canton de Malour.

Le premier château d'Audour, dont parle cette notice, consistait, selon d'anciennes chartes, dans un seul bâtiment d'habitation, composé d'une haute et solide tour carrée à quatre étages, avec larges fossés et pont-levis, probablement construite, selon M. Devoluet, dans le treizième siècle, par M. de Ris, alors seigneur d'Audour, et dont un de ses descendants, qui sera mentionné ci-après, a été aussi seigneur d'Audour.

Le deuxième château d'Audour, dont ne parle pas M. Devoluet, est énoncé d'abord par M. Claude Mathieu, comte de Damas, seigneur d'Audour, dans une note des archives du château d'Audour, datée de 1767, où il est dit qu'à cette époque le château d'Audour, quoique un des plus beaux de la province, était plutôt une maison bourgeoise délabrée qu'un château, et ensuite par plusieurs actes de 1472, de 1572, et du 15 mai 1589, contenant les rôles pour le guet et la garde de la maison-forte et du château d'Audour. La combinaison de ces documents et de la tradition locale, prouve l'existence à Audour, soit d'un château ressemblant à une belle maison bourgeoise et non à une tour carrée, soit d'une tour ronde, qui était située près de la chapelle, et qui, selon la tradition, pouvait être armée de seize pièces de canon. Il est probable que la construction de ce deuxième château d'Audour et de la tour qui le protégeait, coïncidait à peu près avec celle de la chapelle, où, comme il a été dit, le cardinal Rolin, évêque d'Autun, par un diplôme du 16 juin 1458,

autorisa M. Guy de Fautrière, seigneur d'Audour, à faire célébrer le saint sacrifice de la messe. Il est donc aussi probable que M. Guy de Fautrière ait été l'auteur de cette triple construction. Ce deuxième château a été démoli lors de la construction du troisième; la tour ne l'a été qu'environ trente-cinq ans après, et la chapelle subsiste encore.

Le *troisième château d'Audour*, selon la notice de M. Devoluet, a été construit à la moderne par M. Claude Mathieu, comte de Damas, seigneur d'Audour, sur les plans et sous la direction de M. Jean-Pierre Caristia, architecte italien; d'abord les deux tiers de la façade vers 1775; l'autre tiers et l'aile, quelques années après. La façade a 52 mètres de longueur, 12^m 50 de largeur et trois étages; l'aile a 18 mètres de longueur, 12^m 10 de largeur et seulement deux étages, et elles ont ensemble et à l'extérieur 180 portes et fenêtres, dont quelques unes sont murées. Les alentours de ce château sont ornés de plusieurs tapis de verdure, de massifs de fleurs indigènes et exotiques, d'orangers, de citronniers, d'arbustes verts, d'arbres de haute futaie, et enfin de plusieurs pièces d'eau, outre l'étang et le canal déjà nommés. Les dépendances du château consistent en vingt-quatre maisons, en prés, en terres, en bois taillis, en étangs; le tout d'une contenance d'environ huit cents hectares.

La justice de la seigneurie d'Audour n'avait primitivement qu'une faible importance, ainsi qu'il est dit dans une note des archives du château dudit Audour, lesquelles mentionnent cependant plusieurs assises de

cette justice, qui, plus tard, s'est étendue, soit par l'acquêt, en date du 12 décembre 1585, de la seigneurie de Frouges, avec justice haute, moyenne et basse, soit par celui, en date du 14 avril 1688, de la justice haute, moyenne et basse de Commerçon et de Poisolles pour M. Claude-Hippolyte de Damas, seigneur d'Audour, contre M. Pierre de Laurencin, comte de La Bussière, et M. Jean-Alexandre de Laurencin, marquis de La Bussière. M. Philibert de Naturel était juge de la seigneurie de Frouges en 1493, comme il a été déjà dit. M. Guillaume Delacharme était juge des assises d'Audour en 1592, et M. Louis Cortambert était juge civil et criminel de Dompierre-d'Audour en 1730, ainsi qu'il a été précédemment relaté à l'occasion de l'aumône fondée par M. Philibert Balay.

Le premier possesseur et seigneur connu du château d'Audour a été M. *de Ris*, qui, selon la notice de M. Devoluat, le fit construire au treizième siècle, comme il vient d'être dit.

Un de ses descendants, ou du moins de ses parents, fut noble *Mathieu de Ris*, qui, suivant les archives du château d'Audour, était seigneur de ce château en 1388 et 1393. Sa femme était damoiselle *Marguerite de Droument* ou de *Domento*, dont le testament est du 3 août 1405. Il était de la maison de Ris, qu'on trouve encore écrit de quatre manières : de Riz, de Rys, de Rye et de Rus, et probablement parent de damoiselle de Riz, comtesse de Sivignon en 1647.

Une de leurs filles fut Jeanne de Ris, mariée à messire de Dronnat, dont parle une charte de 1495, et l'autre,

Huguette de Ris, qui fut mariée à noble messire *Jean de Fautrière*, ainsi que le constate l'acte précité de 1388, qui, en outre, le qualifie seigneur d'Audour à raison de ce mariage. Un de leurs fils fut Claude de Fautrière, probablement le même dont, suivant un acte de 1568, était veuve Agnès de Drompvent, et l'autre de leurs fils fut messire

Pierre de Fautrière, seigneur d'Audour, dont la femme était *Joseph Pasquier*, dont parle un acte du 16 février 1451. Leur fille, Huguette de Fautrière, fit, le 18 novembre 1452, donation de ses biens à son frère Guy de Fautrière, parent de Marc de Fautrière, dont parle un acte du 12 mai 1473. Leur fils et héritier fut messire

Guy ou *Guillaume de Fautrière*, qualifié seigneur d'Audour et de Dompierre, marié à damoiselle *Alix de Villeneuve*, fille de noble Jean de Villeneuve, selon la ratification de leur mariage, en date du 20 octobre 1452. Le *Dictionnaire de noblesse* dit qu'en 1430 M. Guy de Fautrière était, non-seulement seigneur d'Audour, mais encore de Pressy-sous-Dondin, et un acte des archives du château d'Audour, en date du 13 août 1474, maintient Emard de Fautrière et Guillaume de Fautrière dans la jouissance de la seigneurie de Saint-Sorlin, confisquée, le 7 janvier 1474, sur le seigneur de La Bussière par le duc de Bourgogne. On a déjà dit que ce fut probablement M. Guy de Fautrière qui fit construire le deuxième château d'Audour et la chapelle où le cardinal Rolin, évêque d'Autun, le 16 juin 1458, lui accorda l'autorisation de faire célébrer la messe. Leur fils et successeur fut messire

Mathieu ou *Marcelin de Fautrière*, mentionné comme seigneur d'Audour dans plusieurs actes de 1481 à 1534, et dont la femme était damoiselle *Louise de Lhopital* qui, dans son testament, en date du 23 janvier 1539, se dit veuve de M. Mathieu de Fautrière. Leur fille, Georgette de Fautrière, fut mariée en premières noces à noble Jean de Montchanin, juge au Bois-Sainte-Marie, et en secondes noces, à noble Antoine du Verdier, de la paroisse de La Motte-Saint-Jean, ainsi qu'il est relaté dans un acte du 14 novembre 1548, et leur fils et successeur fut messire

Gaspard de Fautrière, marié, selon contrat du 24 janvier 1541, à damoiselle *Marie de Lacour*, fille de messire Christophe de Lacour, seigneur de Molin. Leur fils et successeur fut messire

Philibert de Fautrière, marié en 1573 à dame *Antoinette de Foudras*, veuve de messire *Pierre de Lestoux-Pradine*. Selon acte du 14 octobre 1566, il a acheté de M. Nicolas des Loges, lieutenant particulier au siége présidial de Lyon, le domaine et le moulin de la Toule, provenant d'Isabeau de Farnier, dite Dagrain, veuve de M. Jacques de Bellecombe, seigneur de Vinzelle. Il a aussi acheté, vers 1576, de M. Claude de Guise, abbé de Cluny, l'emplacement du château de Lamotte, les propriétés et les rentes nobles qui en dépendaient. Ce château, situé à Montravant, paroisse de Brandon, était probablement celui dont parle M. Pignot dans son *Histoire de l'ordre de Cluny*, tome III, page 397, comme ayant été bâti par Pierre-

le-Vénérable, abbé de Cluny, pour tenir en échec un autre château que Hugues de Lachaux, seigneur de La Bussière, paroisse de Saint-Léger-sous-La-Bussière, avait fait construire, vers 1150, au Fournay, paroisse de Montagny, et qu'il vendit avec ses dépendances à l'abbaye de Cluny. A cause de cette acquisition du château de Lamotte, il a été payé à la cathédrale de Saint-Vincent-de-Mâcon, la somme de deux mille francs, selon quittance de M. Guillaume Pallier, receveur de la cathédrale, en date du 13 février 1577. Enfin, il a acheté, le 12 décembre 1585, ainsi qu'il a été dit ci-devant, la seigneurie de Frouges avec ses dépendances. Un acte du 13 mai 1599 contient le partage des droits seigneuriaux sur un pré situé à Trambly, entre messire Philibert de Fautrière, seigneur d'Audour et de Frouges, et messire Claude de Mosles, baron de La Clayette. Leur fille et héritière fut damoiselle

Jacqueline de Fautrière, mariée à messire *Jean de Lestoux*, seigneur de Pradine, ainsi qu'il est dit dans plusieurs actes de 1607 à 1648, année où il est décédé, à Paris, le 14 avril. Ils eurent plusieurs enfants, parmi lesquels on remarque principalement Françoise de Lestoux, mariée à Hugues de Lacour, seigneur de Molin, dont parle un acte de 1633, et Pierre de Lestoux, leur héritier universel. Selon acte, en date du 20 juillet 1638, Madame Jacqueline de Fautrière, dame d'Audour, a fait, le 2 octobre 1616, une fondation de trente francs pour une messe toutes les semaines, et elle a établi les marchés et les foires de Dompierre, en 1630, comme il a déjà été relaté précédemment.

Maison de Fautrière. Tous les Fautrière ci-devant dénommés étaient de la maison de Fautrière, ou de Feaultrières, comme on le lit dans de vieux parchemins, et qui, selon le *Dictionnaire de noblesse*, a été alliée à la maison de France. Fautrière, auquel cette maison a donné son nom, autrefois commune, a été réuni à Palinges en 1823. L'*Annuaire* de Saône-et-Loire, de 1859, dit que cette maison puissante possédait quatorze châteaux, dont un à Courcheval, paroisse de Beaubery. Il cite Anselme de Fautrière, qui souscrivit, en 1060, à la fondation du doyenné de Blanzy, et Henri de Fautrière qui, en 1308, était abbé de Cluny. Le *Dictionnaire de noblesse*, après avoir énuméré Guillaume de Fautrière, Marcelin de Fautrière, Gaspard de Fautrière et Philibert de Fautrière, comme seigneurs d'Audour, mentionne Guy de Fautrière, marié avec Georgette de Salornay, et Claude-Marie de Fautrière, seigneur de Corcheval en 1627, marié à Marguerite de Saint-Amour, qui a été la marraine de la bienheureuse Marguerite-Marie Alacoque, dont il a été parlé.

Pierre de Lestoux, fils et héritier de Jean de Lestoux, seigneur de Pradine, et de Jacqueline de Fautrière, dame d'Audour, dont il a été parlé ci-dessus, épousa, par contrat du 7 septembre 1641, *Jeanne d'Austrein,* fille de Pierre d'Austrein, seigneur de Jarnosse, second président au parlement des Dombes, et d'Annonciade de Gayand et veuve de *Christophe de Damas II,* écuyer, seigneur de Barnay et de Verpré, paroisse de Tancon, qu'elle avait épousé le 25 janvier

1619, et dont elle avait eu trois fils : 1° Renaud de Damas, religieux à Savigny-en-Lyonnais ; 2° Claude-Hippolyte de Damas, seigneur d'Audour, dont il sera parlé ci-après, et 3° Pierre de Damas, leur héritier universel, seigneur de Barnay et de Verpré, marié, le 26 janvier 1658, avec Anne de Gambin, dame de La Garde, dont il eut Jeanne de Damas, mariée, le 20 février 1692, à messire René, comte de Drée, seigneur de la Serrée et de Saint-Marcellin. Christophe de Damas II, était fils d'autre messire Christophe de Damas Iᵉʳ, écuyer, seigneur de Rocres et de Barnay, et de Philiberte de Montchanin, fille de Claude de Montchanin, seigneur de La Garde-Devers, et de Françoise d'Amanzé, dame de Verpré. Par son testament du 20 janvier 1648, Pierre de Lestoux, seigneur d'Audour, établit pour son héritière universelle dame Jeanne d'Austrein, sa femme, qui, dans un acte du 15 mars 1653, se dit veuve et héritière de Pierre de Lestoux, et qui, dans un autre acte de 1678, est qualifiée héritière universelle de Pierre de Lestoux. Par un acte du 3 avril 1648, Pierre de Lestoux fit encore à Jeanne d'Austrein une reconnaissance de 25,000 francs, qu'il hypothéqua sur tous les biens de sa seigneurie d'Audour.

Jeanne de Lestoux, probablement fille, ou de Jean de Lestoux et de Jacqueline de Fautrière, ou de Pierre de Lestoux et de Jeanne d'Austrein, était femme de messire *Alexandre de Villaine,* chevalier, gentilhomme ordinaire de la chambre du roi, seigneur de Roncenay et aussi seigneur d'Audour en 1659 et

1664, ainsi qu'il est qualifié dans une transaction, en date du 20 décembre 1664, entre M. Hilaire Perrier, curé de Dompierre et les habitants de Dompierre, sur une instance dans laquelle intervint M. Alexandre de Villaine comme seigneur d'Audour. Un acte, du 24 septembre 1654, contient le partage des rentes nobles d'Audour entre Alexandre de Villaine et Jeanne de Lestoux, sa femme, d'une part, et Jeanne d'Austrein, dame d'Audour et de Verpré, d'autre part. Un autre acte, du 26 septembre 1654, contient aussi le partage de la terre d'Audour entre messire Alexandre de Villaine, seigneur de Roncenay et Jeanne de Lestoux, sa femme, d'une part, et Jeanne d'Austrein, dame d'Audour et de Verpré, d'autre part, dans la proportion d'un quart pour Alexandre de Villaine et Jeanne de Lestoux, sa femme, et des trois autres quarts pour Jeanne d'Austrein.

Messire *Claude - Hippolyte de Damas*, fils de Christophe de Damas, seigneur de Barnay et de Verpré, et de Jeanne d'Austrein, dont il vient d'être parlé, baptisé le 23 août 1622, marié le 22 décembre 1664, est décédé le 7 décembre 1707, après avoir fait son testament le 8 juillet 1700. Son contrat de mariage, du 22 décembre 1664, avec *Etiennette Bergier*, fille de Nicolas Bergier, seigneur de Chevraye et conseiller en la sénéchaussée de Moulins, et de dame Marie Feydau, contient en sa faveur une donation entre vifs de 4,000 francs, faite par dame Jeanne d'Austrein, sa mère, qui se les était réservés dans le contrat de mariage du 26 janvier 1658, entre

Pierre de Damas, son fils aîné, seigneur de Verpré, et dame Anne Gambin, et par lequel elle l'instituait son héritier universel de tous ses autres biens, fonds, domaines, terres seigneuriales, et notamment de tous ses biens et droits en la terre et seigneurie d'Audour, à la charge par lui de payer la somme de 15,000 francs à Claude-Hippolyte de Damas, son frère, en cas de mariage ou en âge de majorité, avec intérêts à cinq pour cent l'an. Par acte du 26 août 1662, Claude-Hippolyte de Damas acquit de Pierre de Damas, son frère, seigneur de Barnay et de Verpré, la seigneurie de Dompierre, de Frouges et de Lamotte; qui lui appartenait par la donation qui lui en avait été faite, dans son contrat de mariage précité du 26 janvier 1658, par dame Jeanne d'Austrein, sa mère, qui en avait hérité de Pierre de Lestoux, son second mari. Un décret du 2 août 1679 à la requête de dame Madeleine Lebon, veuve de M. Antoine Durant, secrétaire du roi, contient l'adjudication tranchée par les seigneurs des requêtes du palais de Paris sur Alexandre de Villaine, seigneur de Roncenay, du quart de la terre d'Audour, à messire François de Damas, seigneur de Valleraux, paroisse de Saint-Pierre-en-Vaux, canton d'Arnay-le-Duc, arrondissement de Beaune, département de la Côte-d'Or, moyennant une somme qui y est déterminée. Un acte du 19 août 1679, contient une convention entre messire François de Damas et messire Claude-Hippolyte de Damas, sur le décret précité du quart de la terre d'Audour, et en 1680, il fut rendu une sentence d'ordre de

8

la vente du quart de cette terre ; enfin, une transaction, du 13 janvier 1681, porte vente, moyennant
une somme déterminée, du quart de la terre seigneuriale
d'Audour par messire François de Damas, seigneur
de Valleraux, qui en était adjudicataire définitif sur
Alexandre de Villaine, seigneur de Roncenay, à messire
Claude-Hippolyte de Damas, seigneur de Dompierre-
les-Ormes, de Frouges et de Lamotte. Quant aux
trois autres quarts de la terre d'Audour qui appartenaient à messire Pierre de Damas, seigneur de
Barnay et de Verpré, comme douataire universel de
dame Jeanne d'Austrain, sa mère, qui en était propriétaire, suivant la transaction précitée du 26 septembre
1654, entre elle et Alexandre de Villaine, ils ont
probablement été l'objet d'une cession ou d'une
vente pour le prix de laquelle auront été payées en
à-compte les sommes des quatre mille et des quinze
mille francs dont il est parlé dans les contrats de
mariage du 22 décembre 1664 et du 26 janvier
1658, ci-devant relatés. Dans le courant de l'année
1680, messire Claude-Hippolyte de Damas, seigneur
de Dompierre-les-Ormes, a acheté de dame Claude-
Elisabeth de Damas, veuve de Henri-François de La
Guiche, seigneur-comte de Sivignon, les dîmes qu'elle
possédait aux Murgières, ancienne seigneurie, et à
Massan, situés l'un et l'autre en la paroisse de
Dompierre. Le 8 novembre 1694, messire Claude-
Hippolyte de Damas rendit foi et hommage au duc
d'Orléans, baron du Beaujolais, à cause de sa seigneurie de la Tour-de-Frouges, paroisse de Dompierre.

Par acte du 12 septembre 1703, messire Claude-Hippolyte de Damas, seigneur d'Audour, a acheté de messire Charles de Rymond la terre seigneuriale de Tramayes qui lui appartenait et qui provenait récemment de messire Antoine-François Severt, qui en avait rendu foi et hommage au roi, le 22 mai 1696, et antérieurement, de messire Claude Bulyon, probablement parent, soit de François Bulyon qui, selon l'*Annuaire* de Saône-et-Loire, de 1865, était, en 1534, seigneur de Tramayes, et nommé capitaine de Mâcon, soit de Jean Bulyon et de Mathieu Bulyon, seigneurs de Tramayes en 1545 et 1577. Enfin, le 27 novembre 1704, Claude-Hippolyte de Damas fournit à la Chambre des Comptes de Bourgogne l'aveu et le dénombrement de cette seigneurie de Tramayes qu'il venait d'acquérir et qui lui donna le droit de se qualifier seigneur de Tramayes.

Les enfants de Claude-Hippolyte de Damas et d'Etiennette Bergier, décédée en 1704, furent : Jean-Eléonore de Damas, dont il sera parlé ci-après, Renaud de Damas d'Audour, marié, selon acte du 10 février 1706, avec Marie-Anne de Septurier, fille et héritière de messire Jean-Joseph Septurier, seigneur et baron de Lionnières-en-Bresse, et de dame Marie-Augustine-Philippine de Degmont-Bully, et plusieurs autres fils et filles, dont cinq religieuses, une ursuline à Paray-le-Monial, deux en l'abbaye de Saint-Pierre, de Lyon, Marianne de Damas et Marie de Damas, reçues chanoinesses de Neuville, le 16 décembre 1699.

Messire *Jean-Eléonore de Damas*, fils de messire

Claude-Hippolyte de Damas et de dame Etiennette Bergier, dont il vient d'être parlé, né en 1682, avait épousé, par contrat du 13 février 1705, *Claude Berthelot de Rambuteau*, fille de Philibert Berthelot d'Ozenay, chevalier, seigneur de Rambuteau, Écusse, Quierre et Chassenay, lieutenant du gouverneur de Mâcon, en l'année 1679, selon l'*Annuaire* de Saône-et-Loire, de 1865, et de Marie de Rymond, probablement parente de Charles de Rymond, seigneur de Tramayes, précité. M. Philibert Berthelot, seigneur de Rambuteau, était l'ascendant de M. le comte de Rambuteau, ancien député, pair de France, préfet de la Seine, père de madame de Rocca, du Bois-Sainte-Marie, déjà nommée. Il était aussi parent de dame Benoite Berthelot du Bois-Sainte-Marie, qui, selon un acte en date du 6 novembre 1554, était femme de Claude Jacquet, qui furent père et mère de Marie Jacquet, femme de Pierre Poncerd, notaire audit Bois-Sainte-Marie, et dont l'oncle, Jean Poncerd, était père de messire Philibert de Poncerd, seigneur de Lafay, comme héritier universel de Philibert Balay, ainsi qu'il a été expliqué auparavant. Un arrêt définitif du 15 avril 1707, rendu en la première Chambre des requêtes du Palais, à Paris, contre messire Jean-Joseph de Berthet, seigneur de Gorze, paroisse de Germolles, a maintenu messire Jean-Éléonore de Damas, chevalier, seigneur de Dompierre, d'Audour et de Tramayes, dans ses droits honorifiques en l'église paroissiale dudit lieu de Tramayes, dont son père avait acquis la seigneurie, le 12 septembre 1703, comme il a été déjà dit.

Par acte reçu M° Cortambert, notaire royal à Dompierre-les-Ormes, le 7 novembre 1726, messire Jean-Eléonore de Damas a constitué un procureur spécial pour la prestation de foi et d'hommage à son altesse sérénissime Monseigneur le duc d'Orléans, baron du Beaujolais, à cause de sa seigneurie en toute justice de Frouges, paroisse de Dompierre-les-Ormes, et, le 10 mars 1727, il a fourni au bailliage du Beaujolais l'aveu et le dénombrement de sa susdite seigneurie. Selon le registre des fiefs de la Cour des comptes, il appert que messire Jean-Eléonore de Damas, a été reçu en ladite Cour, le 15 août 1722, au serment de fidélité par lui dû, à raison de l'heureux avénement de sa majesté, pour les terres et les seigneuries de Dompierre, d'Audour et de Tramayes qui lui appartenaient et dont il a fourni le dénombrement le 16 du mois de mai 1729. Enfin, le 17 mai 1731, ainsi qu'il a été expliqué ci-devant, il a acheté, par autorité de justice de Mâcon, les propriétés du seigneur de Lafay, paroisse de Dompierre-les-Ormes, provenant de Philibert Balay et de ses successeurs, dont il a été plus amplement parlé ci-devant. Il est décédé en 1741, après avoir fait, en date du 6 mars 1737, son testament par lequel il institua, pour son héritier universel, son fils, Claude-Mathieu de Damas. Ses autres enfants furent Philibert de Damas, mort en 1730, âgé de 17 ans, un fils et trois filles, morts en bas-âge, Marie-Claudine de Damas, qui vivait en 1731, et Marie de Damas d'Audour, mariée, selon contrat du 5 septembre 1735, avec messire Léonore

de Reclaine, marquis de Digoine, paroisse de Palinges.

Messire *Claude-Mathieu, comte de Damas d'Audour*, fils de messire Jean-Eléonore de Damas, seigneur d'Audour, et de dame Claude Berthelot de Rambuteau, né en 1709, mousquetaire du roi en 1731, capitaine de cavalerie en 1733, mestre-de-camp-lieutenant du régiment Royal-Navarre en 1759, brigadier de cavalerie le 20 avril 1768, présenté au roi le 2 mars 1749, maréchal-de-camp le 1er mars 1780, décédé à Dompierre-les-Ormes, le 26 novembre 1791, a été inhumé dans le sanctuaire de l'ancienne église de Dompierre-les-Ormes, d'où il a été exhumé pour être tranféré, en 1847, au milieu de la chapelle de l'Immaculée-Conception de la nouvelle église, dont la concession viagère a été concédée, comme il a été déjà dit, à M. le comte de Marcellus et à Madame la comtesse de Marcellus, née de Forbin. Il avait épousé, selon contrat du 21 juillet 1749, damoiselle *Marie-Roseline d'Arcy*, qui était fille unique et héritière de messire Antoine-Joseph d'Arcy, chevalier, comte de la Varenne, seigneur de Coulouvre, de Poncié, et de dame Claudine-Thérèse de Villeneuve de Vence, et qui est décédée en 1788.

Par acte du 10 décembre 1753, reçu Me Goutier et Perraud, notaires royaux, messire Claude-Mathieu, comte de Damas d'Audour a acheté, de dame Marie-Anne-Horace de Saulx-Tavannes, veuve de messire Jean-Baptiste Deissat, chevalier, comte Duprat, les terres et les fiefs d'Aiguilly, Bouvers, La Rousière, dont il rendit foi et hommage aux officiers et magistrats de la baronnie du Beaujolais, le 5 janvier 1758.

Une sentence, en date du 30 janvier 1769, rendue par le bailliage du Beaujolais, constate la reddition de foi et d'hommage à monseigneur le duc d'Orléans, baron du Beaujolais, en la personne de ses officiers, et l'acte de dénombrement, l'un et l'autre en date du 26 juillet 1768, pour les fiefs, les seigneuries, les biens, les rentes nobles et les dîmes de Frouges, de Poncié, de la Varenne et d'Aiguilly, par messire Claude-Mathieu, comte de Damas, seigneur d'Audour, chevalier de l'ordre royal et militaire de Saint-Louis. Il a été dit précédemment que ce fut M. Claude-Mathieu, comte de Damas, qui fit creuser le canal d'Audour et construire la presque totalité du troisième château d'Audour.

Dans un acte d'aveu et de dénombrement, en date du 12 octobre 1784, pour ses seigneuries d'Audour, de Dompierre et de Tramayes, de la mouvance du roi, à cause de son comté de Mâcon, dans lequel elles sont situées, M. le comte de Damas d'Audour prit, comme il l'avait toujours fait dans ses actes, le titre de chevalier. Il en fut blâmé, en exécution de l'arrêt de la Chambre des comptes de Bourgogne, en date du 16 mars 1785, qui ordonna, en outre, que la qualité de chevalier prise par lui serait prouvée par la production de titres, et qu'il établirait sa noblesse avant l'année 1400. Ce qui fut fait, ainsi qu'il résulte d'un arrêt de la Chambre des comptes de Bourgogne, du 18 février 1789, qui constate que les titres produits à ce double effet remontent plus haut que 1370, et à Hugues Damas, chevalier, seigneur de Marcilly

et de Monestay, vicomte de Chalon, fils aîné de Robert Damas, deuxième du nom, et d'Isabelle de Montagu.

Le dénombrement précité déclare que les dépendances de la seigneurie de Dompierre-d'Audour étaient les hameaux d'Audour, de Commerçon, de Lafay, des Meuniers, de Monnet, de Poisolles et d'Odret, partie de Meulin, de Trambly, de Brandon, les Montillets et la Ferdière.

Enfin, selon plusieurs titres, messire Claude-Mathieu, comte de Damas d'Audour, était seigneur d'Audour, de Dompierre, de Frouges, de Lafay, de Lamotte, de Tramayes, de la Varenne, de Poncié, de Coutrouve, d'Aiguilly, de Bouvers, de Larousière, de Jarnosse, de Tallonnières, de Lanche, de Troncy-le-Neuf et de Tourry.

Les enfants de messire Claude-Mathieu, comte de Damas d'Audour, et de damoiselle Marie-Roseline d'Arcy, furent : 1° Claudine-Alexandrine de Damas, née le 17 décembre 1750, mariée à M. le marquis de Mailly, seigneur de Château-Renaud ; 2° Marie-Thérèse de Damas, née le 30 octobre 1753, mariée, le 24 septembre 1769, à M. le marquis de Tenay, seigneur de Saint-Christophe-en-Brionnais, dont la maison s'est éteinte au commencement du dix-neuvième siècle, en transmettant à M. le comte de Busseuil la terre de Saint-Christophe, qui est maintenant la propriété de M. le comte Onfroy de Vérez ; 3° et Damoiselle *Thérèse-Roseline-Claudine de Damas d'Audour*, née le 24 septembre 1751, à Coutouvre, mariée, le 13 août 1769, à messire *Charles-François-*

Marie-Joseph, comte de Dortan, originaire du Bugey, fils de messire Charles-Marc-Antoine-Joseph, comte de Dortan, marié, le 22 février 1740, avec damoiselle Marie-Célestine-Philippine-Joséphine de Marmier, fille de messire François-Philippe de Marmier, et de dame Marguerite Halmilton. Ce fut madame la comtesse de Dortan qui fit distribuer plusieurs pièces du château d'Audour et terminer quelques-uns des bâtiments qui en sont voisins. Ce fut aussi elle qui, en 1807, engagea madame de Forbin, sa fille, à acheter de M. Joseph-François-Louis-Charles-César, duc de Damas d'Antigny, pair de France, la terre d'Emeringes qui, pendant longtemps avait appartenu aux seigneurs d'Audour. M. le comte de Dortan est mort en 1799, et madame la comtesse de Dortan est décédée à Audour, le 6 avril 1823, et a été inhumée dans sa chapelle castrale d'Audour. Leur fille unique et héritière, fut damoiselle Roseline-Félicité-Mélanie de Dortan, dont il sera parlé ci-après.

Maison de Damas, primitivement Dalmace, Dalmas, et en latin Dalmatius ou Dalmacius. Les vieux chroniqueurs ont fabriqué sur l'origine du nom de cette illustre maison deux légendes, dont la première consiste à dire que son ancien nom était de Chastillon, dont les seigneurs, au temps de la première croisade, de 1096 à 1100, ayant conquis, sous Godefroy de Bouillon, la province d'Amasie, en prirent le nom. Selon la seconde de ces légendes, au temps de la troisième croisade, de 1189 à 1193, un soudan ou roi de Damas fut fait prisonnier de guerre par Hugues, troisième

du nom, comte de Bourgogne, qui l'emmena en Bourgogne, le fit baptiser, et lui donna en mariage sa
parente, Jeanne de Bourgogne, dame de Marcilly, duquel
mariage est descendue la maison de Damas. Cette
double légende ne peut être admise, d'abord parce
qu'elle ne repose sur aucun document historique,
ensuite, parce que le nom Dalmace était connu dans la
Bourgogne avant la première croisade, ainsi qu'il résulte,
soit du *Grand Cartulaire* de Cluny, qui, en 954,
année de la démission de l'abbé Aimard, cite, sous le
n° 248, Dalmace, comme donateur de plusieurs héritages
situés dans le Chalonnais, et qui cite encore Robert
Dalmace et Bertrand Dalmace comme témoins d'actes
passés en 1094, soit du *Cartulaire* de Mâcon, qui, à
l'occasion d'une donation faite à l'église de cette ville,
en 1030, cite Dalmas, *Dalmacius*, soit des manuscrits
du monastère de Marcigny, fondé, en 1056, par saint
Hugues, abbé de Cluny, qui mentionnent parmi les
premières religieuses de ce nouveau monastère, noble
Pétronille de Damas et sa fille. Enfin, cette double
légende ne peut être admise parce qu'elle ne concorde
pas avec le récit de M. Lainé dans son ouvrage intitulé
Généalogie de la maison de Damas, Paris, chez
Plon, rue de Vaugirard, 36, année 1836, qui prouve,
par de multiples documents, que la maison de Damas
remonte à Dalmas I�er, en l'année 1030, sire de Cousan,
troisième fils de Guichard II, sire de Beaujeu et de
Ricoaire-de-Salornay, près de Cluny. Les ancêtres de
Guichard II, sont Guichard I�er, en 960, Beraud II, en
930, Beraud I⁰ʳ, en 900, tous sires de Beaujeu,

Guillaume II, comte du Lyonnais et du Forez, mort vers l'an 923, et Guillaume Ier, comte du Lyonnais et du Forez, seigneur de Beaujeu, investi de ces bénéfices en 870, par le roi Charles-le-Chauve, qui les rendit héréditaires dans sa race.

La maison de Damas est divisée en plusieurs branches qu'il est inutile d'énumérer. La maison de Damas d'Audour est de la branche des Damas de Barnay et de Verpré, ainsi qu'il a été dit précédemment.

Mademoiselle *Roseline-Félicité-Mélanie de Dortan*, précitée, née le 6 mars 1776, mariée, le 25 juin 1799, avec M. *Louis-Nicolas-Philippe-Auguste, comte de Forbin-la-Barben*, morte, le 5 juillet 1825, à Lyon, a été inhumée au cimetière de Loyasse, d'où elle a été exhumée et transférée, le 18 octobre 1865, au cimetière de Dompierre-les-Ormes, dans un caveau dont madame la comtesse de Marcellus, sa fille, venait d'obtenir légalement la concession perpétuelle. Tous les habitants de Dompierre, par honneur pour madame la comtesse de Marcellus, assistèrent à la cérémonie funèbre qui eut lieu à cette occasion.

M. *Louis-Nicolas-Philippe-Auguste, comte de Forbin-la-Barben*, déjà nommé, est né, le 19 août 1777, au château de La Roque, département des Bouches-du-Rhône, de M. Gaspard-Anne-François de Forbin, seigneur de la Barben, et de Marthe de Milan, fille de M. Joseph-Ignace-Bernard de Milan, marquis de La Roque, et de damoiselle de Bertet, et est décédé, à Paris, le 23 février 1841. Il était, en 1793, à Lyon, lorsque cette ville, attaquée par la Convention, fut

défendue par le général M. Louis-François Perrio, comte de Precy, nom d'un château et d'un hameau d'Anzy-le-Duc, né en 1712, et mort à Marcigny, en 1820. Le jeune de Forbin vit périr à Lyon son père et son oncle, et se retira chez M. Boissieu, habile dessinateur, qui l'initia à la pratique de son art. Pour échapper à la proscription, il fut obligé de s'enrôler, et ne tarda pas à se distinguer. Il obtint de bonne heure son congé afin de se livrer à son goût pour la peinture et de visiter l'Italie avec M. François-Marius Granet, son protégé et son ami. Nommé, à la Restauration, directeur-général des Musées de France, il agrandit le Musée du Louvre, et en établit au Luxembourg un spécial pour les œuvres des peintres vivants. Peintre habile lui-même, il a produit, entre autres ouvrages, la Mort de Pline par l'éruption du Vésuve, qui lui ouvrit les portes de l'Académie des beaux-arts; la Vision d'Ossian, la Procession des pénitents noirs, le Campo-Santo de Pise, le Cloître de Santa-Maria-Novella à Florence. On a de lui, un Voyage dans le Levant, 1819, des Souvenirs de Sicile, 1823, un Mois à Venise, 1824. On a publié, en 1843, son Portefeuille, avec un texte rédigé par M. le comte de Marcellus, son gendre, dont il sera parlé ci-après.

Les enfants de M. le comte de Forbin et de Roseline Félicité-Mélanie de Dortan furent mademoiselle Roseline de Forbin, née à Dompierre-les-Ormes, le 4 mai 1800, mariée à M. Piaelli, d'une noble famille de Gênes, en Italie, et mademoiselle Thérèse-Joséphine-

Céline de Forbin, mariée à M. le comte de Marcellus.

Maison de Forbin. La maison de Forbin, selon le *Dictionnaire de noblesse*, est originaire de Forbes, situé dans le comté d'Aberdeen, en Écosse. Déjà, d'après le *Dictionnaire*, de Bouillet, l'*Histoire des Français*, par Sismondi, tome XIV, chapitre XXI, l'*Histoire générale de l'Église*, par Rohrbacher, 2ᵉ édition, tome XXII, page 169, et les *Conférences* du Père Lacordaire, tome I, page 460, les Forbin étaient célèbres au douzième siècle, en Angleterre et en Italie, et au treizième siècle en Provence, où ils furent appelés par Charles Iᵉʳ d'Anjou, comte de Provence, qui les combla d'honneurs et de bienfaits, et où ils s'allièrent même par des mariages avec cette maison souveraine. Plus tard, au quinzième siècle, Palamède de Forbin, seigneur de Soliers, surnommé le Grand, fut d'abord président de la Chambre des Comptes et conseiller de René d'Anjou, roi titulaire de Sicile et souverain de Provence, puis premier ministre de Charles IV, neveu et successeur de René d'Anjou, et décédé lui-même à Aix en Provence, le 11 décembre 1481, après avoir, à l'instigation de Palamède de Forbin, institué pour son héritier universel Louis XI, roi de France, qui, en récompense de cette réunion de la Provence à la France, nomma Forbin gouverneur de Provence, et telle est l'origine de la devise des Forbin : *Ego regem comitem, et me comes regem.* J'ai fait le roi comte, et le comte m'a fait roi. Palamède de Forbin est décédé en 1508. La maison de Forbin est divisée en plusieurs branches, dont les principales sont celles

de Forbin-Janson, Forbin-des-Issarts, et Forbin-la-Barben. La maison de Forbin-la-Barben est parente de celle de saint François de Sales, évêque de Genève, né en 1567, mort en 1622, qui, dans ses visites au château de La Barben, a occupé une chambre qui porte encore maintenant son nom. Parmi les personnages distingués de la maison de Forbin, on peut citer : 1° *Toussaint Forbin-Janson*, dit *le cardinal de Janson*, né en 1625, évêque de Digne, de Marseille, de Beauvais, grand aumônier, ambassadeur en Toscane, en Pologne et à Rome, et cardinal en 1690. Ce fut lui qui, à la diète de Pologne, de 1674, fit élire pour roi de Pologne, le fameux Jean Sobieski, sauveur de la chrétienté sous les murs de Vienne, en Autriche, en 1683, et qui, sous le Pape Innocent XII, conclut la réconciliation de la France et du Saint-Siège, dont la bonne harmonie avait été troublée par la déclaration de l'assemblée du clergé de France de 1682. Il est décédé en 1713. 2° *Claude, comte de Forbin*, né en 1656, grand amiral du roi de Siam en 1686, commandant d'une frégate française, et enfin, nommé, par Louis XIV, chef d'escadre en 1707, année pendant laquelle il battit cinq fois les flottes anglaises et rapporta au Trésor de France plus de sept millions de francs. Il est décédé en 1733. 3° *Charles-Auguste de Forbin-Janson*, né en 1785, missionnaire en 1814, évêque de Nancy en 1824, et après la révolution de 1830, missionnaire au Canada, à la Nouvelle-Orléans, à Montréal, à Québec, à New-York, fondateur de l'œuvre de la Sainte-Enfance pour le rachat et le baptême des enfants chinois, décédé

le 11 juillet 1844, et dont l'éloge funèbre a été prononcé par le Père Lacordaire, à la cathédrale de Nancy, le 28 août 1844. 4° Enfin, d'après le *Légendaire d'Autun*, tome II, page 266, *Joseph-Madeleine de Forbin*, fils de M. Henri de Forbin-Mainier, baron d'Oppède, premier président du Parlement d'Aix, en Provence, et de Marie-Thérèse de Pontevès, était, en 1663, prieur de l'abbaye de Septfonds, établie le 18 octobre 1132, dans la paroisse de Diou, près de Dompierre-sur-Bèbre, département de l'Allier, par Guichard et Guillaume de Bourbon, seigneurs dudit Dompierre-sur-Bèbre, et il aida beaucoup Eustache de Beaufort, qui était alors abbé de Septfonds, à rétablir dans cette abbaye la discipline monastique, comme, quelques temps après, l'abbé de Rancé le fit pour la Trappe.

Mademoiselle *Thérèse-Joséphine-Céline de Forbin-la-Barben*, déjà nommée, née à Lyon, le 28 décembre 1804, mariée, à Paris, le 1er juin 1824, avec M. *Marie-Louis-Jean-Charles-André Martin du Tyrac, comte de Marcellus*, né le 19 janvier 1794, de M. Auguste du Tyrac, comte de Marcellus, et de madame Sophie-Madeleine de Piis, branche de l'ancienne famille de Pins, décédé, le 29 avril 1861, à Paris, et inhumé dans la chapelle de son château de Marcellus.

M. *Auguste du Tyrac, comte de Marcellus*, né en 1776, au château de Marcellus, près de Meilhan, département de Lot-et-Garonne, député en 1815, fut élevé, en 1823, à la dignité de pair de France, qu'il perdit, en 1830, par refus de serment, et est décédé

en 1841. A la chambre des Pairs, comme à celle des Députés, il a toujours soutenu courageusement et chaleureusement les véritables intérêts de la France et de la religion, qu'il a, l'une et l'autre honorées par ses hautes vertus et sa charité inépuisable. Comme littérateur et comme poète, il a composé plusieurs ouvrages, à savoir : en 1810, la *Vie de M. de Bonnefond*, curé de Marmande ; en 1820, *Odes et Cantates sacrées* ; en 1825, *Idilles* ; en 1826, *Voyage aux Pyrénées* ; en 1835, *Epîtres et vers sur l'Italie* ; en 1840, *Bucoliques de Virgile, Cantique des Cantiques, Vêpres et Complies*, et enfin, en différents temps, plusieurs œuvres détachées, en prose et en vers.

M. *Marie-Louis-Jean-Charles-André Martin du Tyrac, comte de Marcellus*, déjà nommé, s'est distingué d'abord dans la diplomatie. En 1820, il fut attaché à l'ambassade de Constantinople, sous M. le marquis de Rivière, depuis, gouverneur de Henri V, et chargé en même temps d'une mission confidentielle dans le Levant, d'où il apporta la Vénus de Milo, un des chefs-d'œuvre de la statuaire antique, offerte par M. de Rivière au roi Louis XVIII. En 1822, il fut premier secrétaire d'ambassade à Londres, sous M. de Châteaubriand, et y fut même chargé d'affaires pendant le Congrès de Vérone. De 1826 à 1829, il fut ministre plénipotentiaire à Lucques, en Italie. Au mois de juillet 1830, il fut nommé ministre plénipotentiaire à Naples, et se préparait à prendre possession de ce poste, lorsque la révolution de 1830 éclata et vint

l'arrêter dans sa carrière diplomatique, qu'il parcourait si honorablement. Il se retira de la vie politique, et vécut beaucoup à la campagne et à Paris, au milieu des personnages les plus célèbres de son temps. Il s'est ensuite distingué dans la littérature par les ouvrages dont voici la nomenclature : *Souvenirs de l'Orient; Vingt jours en Sicile; Portefeuille du comte de Forbin*, déjà cité; *Épisodes littéraires; Chants du peuple en Grèce*, 1851; *Chants populaires de la Grèce moderne; Les Dionysiaques de Nonnos de Panopolis*, 1855; *Souvenirs diplomatiques*, 1855; *Chateaubriand et son temps*, 1859; *Les Grecs anciens et les Grecs modernes; Paraphrase de l'Évangile selon saint Jean*, par Nonnos de Panopolis, 1861. Après le savant Dom Pitra, religieux bénédictin de l'abbaye de Solesmes, né en 1812, à Champforgenil, près de Chalon-sur-Saône, créé cardinal le 16 mars 1863, et à qui l'auteur de ce petit écrit a donné pendant quinze jours des leçons de mathématiques au grand séminaire d'Autun, en 1831, comme professeur suppléant, M. le comte de Marcellus était un des premiers hellénistes de France, en sorte que M. de Lamartine, dans un article élogieux qu'il lui a consacré, regrettait qu'il n'eût pas traduit Homère, comme il regrettait aussi que Chateaubriand n'eût pas traduit la *Bible*. Il avait, en 1860, de grandes chances d'être admis à l'Académie française, lorsqu'il se désista au profit du Père Lacordaire, et on pense généralement qu'il aurait réussi à la première élection, s'il n'était pas mort dans cet intervalle. Il était officier de la

Légion d'honneur, chevalier des ordres de Saint-Jean de Jérusalem et du Saint-Sépulcre, et chevalier de l'ordre royal du Sauveur de Grèce. Madame la comtesse de Marcellus, sa femme, lui a fait ériger, près de son château d'Aulour, une croix commémorative, à laquelle a été attachée, par Monseigneur l'évêque d'Autun, une indulgence de quarante jours, contre la récitation d'un *Pater* et d'un *Ave Maria* devant cette croix en pierre, qui a été sculptée par M. Vernay, de Vareille-en-Brionnais. Madame la comtesse de Marcellus s'est aussi distinguée, non-seulement par les actes de bienfaisance précités, et par d'autres qui seront spécifiés ci-après, mais encore par son talent pour la peinture, qu'elle a apprise sous la direction de son illustre père.

Madame Thérèse-Joséphine-Céline de Forbin-la-Barben, comtesse de Marcellus, n'ayant pas d'enfant, a institué, en 1871, pour son héritier principal, son petit-neveu, M. *Royer de Gaufridy*, *comte de Dortan*. lieutenant au 43ᵉ régiment d'infanterie, né à Apt, en 1843, de M. François de Gaufridy, d'une très-ancienne famille de Provence, et de Madame Rosoline-Mélanie Pinelli, marié, le 4 décembre 1871, avec Mademoiselle *Adelaïde de Verdonnet*, née le 25 juillet 1853, de M. Adrien-Charles-Henri-Adéodat, comte de Verdonnet, propriétaire du château de Poncié, précité, paroisse de Fleurie, en Beaujolais, originaire de l'Auvergne, dont la mère était de la maison de Salignac de Lamothe, qui a produit l'illustre Fénélon, archevêque de Cambrai, et de Madame Adelaïde-

Mathilde de Symonet, d'une ancienne famille originaire de Paris. M. Roger de Ganfridy a été, au mois de mars 1872, nommé chevalier de la Légion d'honneur pour s'être distingué à la bataille de Sedan.

MAISONS D'ÉCOLE.

22. La maison d'école communale des garçons, qui sert aussi de maison commune et de Mairie, a été construite, en 1861, sur une parcelle de terre d'environ trente-trois ares, qui ont coûté près de 1,300 francs. L'architecte a été M. Roch, de Mâcon, et l'entrepreneur, M. Claude Lapalus, charpentier, à Saint-Romain-des-Îles, sous la surveillance de M. François-Vincent Dufour, maire de la commune. La distribution a été combinée de manière à avoir une salle d'école pour 120 élèves, et un petit dortoir pour les élèves les plus éloignés. Les dépenses de cette construction se sont élevées à plus de 16,000 francs, et ont été payées par 6,000 francs de secours du gouvernement, et par 10,000 francs d'impositions extraordinaires sur la commune. L'école de Dompierre-les-Ormes a été dirigée, dans les temps anciens, par MM. les vicaires dudit Dompierre, et par les aumôniers du château d'Audour, et dans les temps modernes, par Madame veuve Marcoux, de 1811 à 1826, ensuite, par MM. les instituteurs Baron, Philibert Plassard, de Trivy, Desplaces, Pierre Bourisset,

de Varennes-le-Grand, et par M. Pierre Charcosset, de Dompierre, dont le fils, M. l'abbé Claude Charcosset, est actuellement élève en théologie au grand séminaire d'Autun.

La maison d'école libre des filles, située dans les anciens bâtiments à fourrage du château des seigneurs de Lafay, a été achetée, en 1863, de M. Antoine Combier, de Lafay, moyennant cinq mille francs, par Madame la comtesse de Marcellus, propriétaire du château d'Audour, qui a consacré une autre somme de près de neuf mille francs, soit pour la distribution et la mise en état convenable de cette maison, soit aussi pour le mobilier de l'école et pour celui des quatre sœurs du Saint-Sacrement d'Autun, qui sont chargées de la direction de cette école libre, et qui a, enfin, affecté une somme annuelle de trois cents francs pour la rétribution scolaire de vingt-cinq élèves à sa désignation. L'école des filles avait été tenue précédemment par Madame veuve Marcoux, précitée, par M. Philibert Plassard, aussi précité, par Madame Annette Myard, veuve Alérèque, par Mademoiselle Sapin, par Madame Desplaces, par Madame Magnin, par Madame Bourisset, et enfin, par Madame Charcosset.

FABRICIENS DE L'ÉGLISE DE DOMPIERRE.

23. Les deux fabriciens, élus par délibération d'assemblée de la paroisse, étaient chargés, conjointement avec M. le curé, de gérer les biens de l'église et les aumônes des pauvres, et devaient en rendre compte aux assemblées de la paroisse, composées de la majeure partie des principaux habitants. Les fabriciens mentionnés dans les archives ont été MM. Pierre Auduc, de Laroche et Antoine Michon, de Monnet, en 1762; M. Etienne Deschiseaux, en 1775; MM. Pierre Auduc, de Laroche et François de Laroche, de Lafay, en 1779; MM. Pierre Auduc, de Laroche et Antoine Vallet, de Bois-du-Lin, en 1785; MM. Etienne Deschiseaux et Louis Michon, de Monnet, en 1788; M. François Dufour, des Meuniers, en 1806; MM. Jean Noly, de Laroche, et Claude Tarlet, de Meulin, en 1810; MM. Jean Chatelet, de Lafay, Antoine Guilloux, de Laroche, et Jean Michon, de Monnet, en 1816; MM. Pierre Auduc, de Laroche, Jean Michon, de Monnet, Antoine Guilloux, de Laroche, Jean Noly, de Lafay, et Antoine Thevenet, de Lafay, en 1831; M. Marie-Louis-Jean-

Charles-André Martin du Tyrac, comte de Marcellus, ancien ministre plénipotentiaire, de 1834 à 1861; M. Pierre Auduc, de Laroche, de 1834 à 1859; M. Jean Michon, de Monnet, de 1834 à 1860; M. Antoine Thevenet, de Lafay, de 1834 à 1865; M. Antoine Guilloux, de Laroche, de 1834 à 1852; M. Jean-Marie Chatelet, de Dompierre, de 1852 à 1859; M. Jean-Marie Mamessier, de Dompierre-les-Ormes, élu en 1859; M. Benoît Guilloux, du Verdier, de 1860 à 1862; M. Jean-Jacques Michon, de Monnet, élu en 1860; M. Jean-Marie-Adrien Pondevaux, de Dompierre-les-Ormes, élu en 1861; M. François-Antoine Dufour, des Meuniers, élu en 1862; et M. François Aucaigne, de Poisolles, élu en 1865. Ces quatre derniers, et M. Jean-Marie Mamessier, composent, en 1872, le conseil de fabrique de l'église succursale de Dompierre-les-Ormes, qui a pour président M. Pondevaux, notaire; pour trésorier, M. Michon, et pour secrétaire, M. Jean-Louis Mamessier, curé de la paroisse, qui, ainsi que M. le Maire, est membre de droit du conseil de fabrique.

COLLECTEURS ET PERCEPTEURS.

24. Avant la révolution de 1793, Dompierre-les-Ormes était divisé, relativement aux impositions, en deux parties, ainsi qu'il est dit dans une délibération précitée des habitants, en date du 29 septembre 1783 ; la partie beaujolaise, composée principalement du hameau de Frouges, et dont la quote-part était d'un sixième, qui était payé à Beaujeu, et la partie mâconnaise ou brionnaise, composée du reste de la paroisse, et dont la quote-part était des cinq sixièmes payables à Semur-en-Brionnais, qui était alors le lieu où se faisaient, non-seulement les opérations du tirage et de la révision pour le recrutement de l'armée, mais encore le paiement des tailles et des capitations de plusieurs paroisses, du nombre desquelles était Dompierre-les-Ormes. Le receveur général à la résidence de Semur-en-Brionnais était, en 1770, M. Perrin de Precy, parent du général Perrin, comte de Precy, dont il a été déjà parlé. Les tailles correspondaient à ce qu'on appelle maintenant les contributions foncières ; les capitations correspondaient aussi aux cotes personnelles modernes, et les vingtièmes d'industrie

correspondaient enfin aux patentes et licences actuelles.
En 1769, les tailles et les capitations de Dompierre-
les-Ormes étaient de 2,900 francs pour la partie
brionnaise, et de 580 francs pour la partie beaujolaise,
ensemble, 3,480 francs. En 1786, le montant afférent
à la partie brionnaise était de 3,674 francs, dont
2,021 francs pour les tailles, 423 francs pour les
capitations, et 1,217 francs pour les vingtièmes
d'industrie, etc.; et celui afférent à la partie beaujolaise
était de 735 francs, dont 412 francs pour les tailles,
80 francs pour les capitations, et 243 francs pour
les vingtièmes d'industrie, et ensemble, 4,409 francs.
Les impôts directs de Dompierre-les-Ormes, pour
l'année 1802, étaient de 5,818 francs, et pour
celle de 1835, de 10,056 francs, sans y comprendre les patentes et les licences. Enfin, pour
l'année 1872, ils sont de 12,121 francs, dont
11,069 francs de contributions foncière, mobilière,
personnelle et des portes et fenêtres, et 1,051 francs
de patentes. Étaient collecteurs des tailles et des
capitations de Dompierre-les-Ormes, M. François
Dumonnet, en 1697; M. Louis Michon, de Monnet,
en 1734; M. Louis Lapalus, en 1763; M. Antoine
Guilloux, de Laroche, en 1770; et M. André Savin,
de Laroche, en 1786. Étaient percepteurs des contributions directes de Dompierre-les-Ormes, qui a été
un chef-lieu de perception jusqu'en 1852, M. Antoine
Noly, de Laroche, en 1802; M. Jean-Marie Sapaly,
de Dompierre-les-Ormes, vers 1805; M. Pierre Auduc,
de Dompierre, de 1808 à 1830; M. Claude Martinot,

de Bourgvilain, en 1830 ; M. Bouilloux, en 1845 ;
M. Emile Perrault, en 1850, et M. Rollet, de Tramayes,
en 1852.

NOTAIRES

—

25. M. Benoît Ballifet, propriétaire de deux domaines à Lafay, vendus à Claude Balay, qui les revendit à Jean Balay, et d'une maison à Dompierre, vendue à Jean de Ponceton, qui l'a revendue à M. Philibert Balay, comme il a été expliqué précédemment, et frère de M. Guy Ballifet, prêtre, était notaire à Dompierre-les-Ormes en 1460 ; M. Jean Balay, en 1471 ; M. Louis Mareschal, à Frouges, en 1509 ; M. Philibert Balay, fondateur de l'aumône de quatre - vingts mesures de seigle, à Dompierre, en 1539 ; M. Philibert Mareschal, à Frouges, en 1547 ; M. Vincent Alacoque, à Audour, en 1598 et 1627 ; M. Louis Alacoque, à Audour, en 1642 et 1650 ; M. François Deparis, probablement parent d'André Deparis, curé de Dompierre-les-Ormes, précité, à Bois-du-Lin, en 1651 et 1659 ; M. Claude Deschiseaux, à Dompierre, en 1652 et 1674 ; M. Claude Deparis, à Bois-du-Lin, en 1663 et 1698. M. Louis Cortambert, à Bois-du-Lin, en 1702 et 1728 ; M. Philibert-Louis Bonnetain, à Dompierre, en 1740 et 1785 ; M. Jean-Baptiste Devoluet, à Dompierre-les-Ormes, de 1786 à 1800,

plus tard, juge de paix du canton de Matour, et encore notaire à Dompierre-les-Ormes, de 1832 à 1833; M. Pierre-Grégoire Royer, en 1793; M. Marie-Dominique Royer, en 1822; M. Jean-François Pondevaux, de 1833 à 1865; et M. Jean-Marie-Adrien Pondevaux, en 1865. Il a été élu, en 1870 et 1871, membre du Conseil d'arrondissement de Mâcon.

MAIRES.

26. M. Etienne Deschiseaux était agent municipal en 1793, et maire en 1805 et 1816; M. Pierre-Grégoire Royer, notaire, était agent municipal en 1795 et maire en 1800; M. Louis Michon, de Monnet, était agent municipal en 1796, et M. Claude Giroux en 1798; M. Antoine Combier, du Verdier, était maire en 1815; M. Richard Cortambert, de Bois-du-Lin, en 1816; M. Pierre Auduc, de Laroche, en 1820; M. Pierre Auduc, de Dompierre-les-Ormes, en 1830; M. François-Vincent Dufour, en 1831 et 1852; M. Jean-François Pondevaux, en 1843; M. Louis Bonnetain, en 1860; et M. Auguste Combier, en 1871.

ADJOINTS.

27. M. François Dufour était adjoint d'agent municipal en 1796 ; M. Pierre Auduc, de Laroche, était adjoint de maire en 1805 ; M. Jean Arnol, en 1818 ; M. Jean-Marie Chatelet, de Dompierre-les-Ormes, en 1824 ; M. Pierre Auduc, de Dompierre-les-Ormes, en 1831 ; M. Jean Giroux, en 1834 ; M. François-Vincent Dufour, en 1849 ; M. Jean-Marie Roux, en 1852 ; M. Joseph Thomas, en 1864, et M. Jean-Jacques Michon, de Monnet, en 1871.

MÉDECINS.

28. M. Richard Cortambert, de Bois-du-Lin, était médecin à Dompierre-les-Ormes de 1807 à 1819 ; M. Barnaud, en 1835 ; M. Joseph Sanguinetti, réfugié politique de Modène, en 1841 ; M. Dumont, en 1850 ; M. Bouchard, en 1851 ; M. Laganiré, en 1868, et M. Michelin, en 1859 et 1872.

PRATICIEN ET HUISSIERS.

29. M. Pierre Deschiseaux était praticien à Dompierre, en 1701. Me Antoine Cortambert, de Bois-du-Lin, était huissier en 1674 ; M. Jean Perrier, en 1763 ; M. Jean-Louis Chemarin, en 1832 ; et M. Jean-Marie Roux, en 1836.

PRINCIPAUX HABITANTS DE DOMPIERRE

30. Outre les principaux habitants de Dompierre-les-Ormes, précédemment dénommés, on en trouve encore plusieurs autres dans les actes anciens et modernes, et surtout dans les délibérations des assemblées de paroisse.

1500. *A Laroche*, Louis, Pierre, Antoine et Guy de Laroche, Denis Auduc, Antoine et Guillaume Mathieu; et à *Monnet*, Barthélemy et Philibert Chanus.

1509. *A Laroche*, Claude, Benoit, Etienne, Hugues, et Philibert de Laroche, Benoit Auduc et Benoit Mathieu.

1547. *A Dompierre*, Etienne Bonnetain, Bonnet Ducrot, Claude Delagrange, Philibert de Lafay, Antoine Perrier et Marc Bailly.

1550 et 1593. Claude Dagon, Louis et Claude Bailly, de Dompierre-les-Ormes, et Claude Chanus, de Monnet.

1598. *A Dompierre*, Pierre et Claude Boyreaud, Claude Baral, Claude et Guillaume Narboux, Antoine

Chanus, Claude et Guillaume Bonnetain, Philibert Prérouan, N. de Lagrange, Thomas Mignet, Claude Dumonay et Guillaume Chanus. *A Bois-du-Lin*, Jean Dalmon, Claude de Laroche, Reynaud Jammet, Jean Bichon, Benoit et Pierre Bernigaud, Jean, François, David, Louis et Pierre Bailly. *A Commerçon*, Bonaventure Noly et Benoit Devie. *A Lafay*, Benoit et Jacques de Laroche, Jean et Benoit Prérouan et Guillaume Boireaud. *A Laroche*, Pierre et Jean de Laroche, Benoit et Henri Collerot, Pierre et Jeannette de Tuyre, Jean Noly et André Mathret, *A Poisolles*, Étienne et Guillaume Desbost, Catherine Desbreil, Louis Berthelot, Claude Lardet et Philibert Dumontceaulx. *A Audour*, M. Vincent Alacoque, notaire, Jean et Philibert Teuret, Catherin Cortambert et Étienne Varnerin.

1664. Philibert Deschiseaulx, Antoine Canard, Thomas Dubost, Philibert Champagnon, Denis, Henri et Jean Guilloux, Benoit Guillin, Antoine Delaplace, Mathieu Bailly, Claude Dussaulge, Philibert de Laroche, Benoit Chanus, François Prérouan, Jean et François Dumonnet, Jean Bonnetain, Benoit Thevenet, Benoit Desroches, Antoine Robin, Michel et Pierre Dumontceau, Pierre Renaud, Hippolyte Alacoque, François Clément, Benoit Lefranc et Antoine Debaron.

1676. *A Dompierre*, Jean Deschiseaulx, Benoit Narboux, Jean Bonnetain, François et Jean Dumonnet, Pierre et Catherin Canard, Antoine Colas, Philibert Guilloux, Louis Ducrot et Michel Dumontceau. *A Audour*, Cortambert, Claude et Pierre Clément,

Claude Bonnetain, Catherin Delagrange, Benoit Robin et Jean Lefranc. *A Bois-du-Lin*, Claude Deparis, notaire, Nicolas Janiaulx, Luc Malatier, Thomas Dubost, Claude Guillin et Antoine Cortambert, huissier. *A Frouges*, Claude Petit, Catherin Champagnon, Claude et Pierre Dusauge, Pierre Dumonceaulx, Pierre Renault et Benoit d'Almont. *A Lafay*, Philibert de Laroche, François Prérouan, Antoine de Ruire, Benoit Thevenet et François Grusilier. *A Commerçon*. Guillaume Martin, Jacques Leschères et Guillaume Thevenet. *A la Brosse-Ronde*, Berthelon. *A Monnet*, Claude, Benoit et Pierre Bonnetain et Benoit Reboux.

1730. Jean Deschiseaux, Louis Cortambert, Louis Delaplace, Claude Desroches, Jean Fabvray, Jean Berthoux, Jean Prouillard, Etienne Mazoyer, Louis Janeaud, Joseph et Pierre Guilloux, Jacques Noly, Laurent Ducrot, Antoine Devif, Jacques Dumonnet, Mathieu Robin, Dominique Aublanc, Pierre Guillemin, Claude Chanus, Louis de Lapalus, Louis Bailly, Jean Augoyat, Philibert et François de Laroche, Louis et François Lafay, Jacques Plassard, Pierre et Benoit Dumonceaud, Jean Reynaud, Aimard Dussauge, Claude Cocquelin, Jacques Vallet et Jean Thomas.

1763. Louis de Lapalus, Antoine Combier, Joseph Lafay, Philibert de Laroche, Antoine Michon, Pierre Auduc, Jean Noly, Antoine Leschères, Joseph Mahuet, Joseph Fayard, Claude Desroches, Jean Thomas, Jean Perrier, huissier, Michel Petitjean, Jean Vallet, Blaise de Lapalus et Jean-Pierre Caristia, originaire d'Italie, architecte à Audour.

1779. Jean Deschiseaux, Pierre Auduc, François de Laroche, Claude Sapaly, Jean Guilloux, Claude Dussauge et Jean Fayard.

1788. Pierre Auduc, Antoine Vallet, Benoit Dussauge, Jacques Dumonnet, Jean Bouchot, Claude Berthaud, Denis Ducrot, Etienne Deschiseaux, Louis et Jean Michon, Michel Ducloux, Jacques Thomas, Antoine Leschères, Jean-Marie Sapaly et Jean de Saint-Jacome.

1802. Combier du Verdier, Jean-Marie Sapaly, Jacques Dumonnet, Claude Giroux, Jean Auduc, François Dufour, Jacques Thomas, Joseph et Louis Michon, Antoine Leschères, Jacques Fayard, Louis Lapalus, Jean Sambardier, Jean Chatelet, André Savin, Jean Guilloux, Claude Dussauge, Antoine et Jean Noly, et Jean Courtois.

TESTAMENT

de M. Philibert BALAY, notaire à Dompierre,

du 4 novembre 1547.

———— · ————

31. Au nom de nostre Seigneur : amen. Nous garde du commun scel royal establi par le roi nostre sire au bailliage de Mascon, et nous official d'Autun et prévot royal de Mascon, à tous ceux qui ses présentes lettres verront, sçavoir faisons que pardevant Benoid Mathoud demeurant au Bois-Saincte-Marie bailliage dudict Mascon, notaire royal, et Philibert Mareschal demeurant à Frouges, notaire dudict official et prévot, *à ce et* aux autres plus grandes choses commis et députés, les tesmoins masles et pubères soubznommés présents pour ce, personnellement establi honneste honnorable maistre Philibert Balay, notaire royal demeurant à Dompierre, lequel sage et bien advisé, sain de pensée et entendement, combien qu'il soit desbille et mallade de corps, *à cause* d'infirmités où il est destenu, toutefois sainement parlant, et considéré et attendu qu'il n'est rien de plus certain que la mort, et rien de plus incertain

que l'heure d'icelle, *aimant mieux encore vivre,
ne tester que soubz l'espérance de vie entière*, à
ces causes et autres, à ce le mouvant ses corps et
biens à lui de Dieu donnés, à l'honneur et louange
de Dieu son créateur, de la glorieuse vierge Marie,
a faict, nommé, ordonné son testament nuncupatif et
ordonnance de dernière vollonté, et escript en la forme
et manière que s'ensuit :

Premièrement comme bon chrestien ayant mémoire
et recordation de la passion de nostre Seigneur Jésus-
Christ, a faict le signe de la croix devant sa face
et sur son corps disant : Au nom du Père, et du Fils
et du Sainct-Esprit : Amen.

Item, a recommandé et recommande son âme dèz
maintenant et quand elle sera séparée de son corps
à Dieu le créateur, à la glorieuse Vierge Marie à
laquelle il a toujours heu une singullière dévotion,
et à tous les saincts et sainctes du Paradis.

Item, veut et ordonne ledict testateur son corps
et cadavre, l'âme d'icellui séparée, estre ensépulturé
et inhumé dans l'église dudict Dompierre, au tombeau de ses feux père et mère et Allonse Babon,
sa feue femme, et mesmement *soubz le tombeau
de ladicte Allonse Babon*, sa femme.

Item, veut et ordonne son luminaire estre faict de
dix livres de cire qui seront converties en treize
torches et douze cierges, à sçavoir lesdictes treize
torches en l'honneur de nostre Seigneur et Sauveur
Jésus-Christ, et les cierges, cinq en l'honneur des
cinq plaies de nostre Seigneur, et sept, des sept joyes

de la glorieuse vierge Marie, et veut estre payé à treize pauvres enfants qui tiendront les dictes torches à l'entour de son corps, à chascun cinqt deniers tournois, outre l'aulmône que l'on fera aux autres pauvres.

Item, veut et ordonne icellui testateur estre convoqués les jours de ses enterrement quarantal et an révolu, à chascun desdicts jours, cinqt prêtres lesquels seront tenus célébrer messes *heucaristialles* en l'église dudict Dompierre pour le repos de l'âme dudict testateur, de ses femme, père, mère, parents et amis trespassés, auxquels et à chascun desdicts jours veut estre payé trois sols tournois et à ceux qui diront grandes messes et *qui tiendront le coinc du drap, quatre* avec lesdicts trois sols.

Item, en outre veut et ordonne ledict testateur que lesdicts jours de ses sépulture quarantaine et en révolu, soit faict chascun desdicts jours une aulmosne généralle à tout pauvre venant, telle qu'il soit donné à chascun, un liard une aulmosne de pain bonne et suffisante pour la réfection d'une personne, une esquelle de pottage, un verre de vin qui tienne demie choppine bon *pur et net*.

Item, veut et ordonne son corps et cadavre après son descéz estre gardé vingt-quatre heures en sa maison, durant lequel temps sera dict et chanté le psaultier par quatre chappellins auxquels il veut estre payé à chascun cinqt sols et avec leurs réfections.

Item, donne et lègue aux *bas officiers* dudict Dompierre qui l'auront suivi en sa maison, des torches

de trois livres de cire, lesdictes torches allumées
durant les trois grandes messes qui se célébreront
les jours de ses sépulture quarantaine et an révolu.

Item, donne et lègue à deux hommes qui son-
neront les cloches *glais* à son trespas, à chascun
six blancs avec leurs réfections honnestes.

Item, donne et lègue à deux femmes honnestes
qui coudront son corps et cadavre honnestement pour
le mettre en sa dicte sépulture, après son dict
trespas, à chascune d'elles six blancs avec leurs
réfections.

Item, veut et ordonne ledict testateur estre dict
et célébré en ladicte église de Dompierre par le
curé ou le vicaire dudict lieu ou par un autre
prestre en leur défaut une messe de trespassé, chascun
an, un an durant commençant le lendemain de
sa *obit* et enterrement à continuer jusqu'au bout
de l'an, et après la célébration de chascune messe,
le prêtre sera tenu aller sur le tombeau dudict
testateur dire un *libera me* avec les versets et collectes
accoutumées pour les trespassés; et veut qu'il soit
offri à chascune messe chascun jour, un pot de
vin, un liard, un pain et une chandelle, et outre ce,
estre payé audict prêtre quatre blancs.

Item, veut et ordonne ledict testateur estre payé
en aulmône et pour l'honneur de Dieu et de la
glorieuse vierge Marie à treize filles estant de bonne
et honneste conversation, ayant vescue en chasteté
à sçavoir à chascune d'elles la somme de dix livres
pour les aider à marier, laquelle somme leur sera

payée à chascune d'elles par son héritier soubznommé les jours de leurs nopces; et s'il se trouve aulcune d'elles avoir mal uzé, les exécuteurs dudit testateur soubznommés, en pourront nommer d'autres en leurs lieux.

Item, en outre donne et lègue et par droict d'institution délaisse à Guyot Péramer son cousin une maison haulte et basse jardin devant joinct et ensemble, scituée en la ville de Cluny, par ledict Balay acquise dudict Péramer et Guyette sa femme; et outre ce, donne et lègue et par droict d'institution délaisse auxdicts Péramer et Guyette sa femme pour les agréables services qu'ils lui ont faicts par ci-devant, à sçavoir la somme de deux cents livres payable par son héritier soubznommé auxdicts mariés Péramer, à sçavoir quarante livres après le descèz dudict testateur, au bout de l'an autres quarante livres, et d'illecq tous les ans, à chascun bout de l'an, autres quarante livres, jusque en fin de payement desdictes deux cents livres.

Item, en outre donne et lègue ledict testateur en aulmônes et pour pitié délaisse à Benoiste fille d'Anthoine Bernard sa servante, pour les agréables services qu'elle lui a faict, un acquêt par lui faict soubz grâce de rachapt de André Aulmosnier de Chalenforge de la somme de vingt escus d'or ainsi qu'il appert par les lettres dudict acquêt reçues par maistre Philibert Mareschal l'un des notaires soubz signés.

Item, en outre donne et lègue ledict testateur aux

quatre hospitaulx générauk à sçavoir du Sainct-Esprit, nostre Dame-du-Puy, Sainct-Bernard-Montjoux, Sainct-Anthoine, et l'Hostel-Dieu des quinze-vingt de Paris, à chascun, un teston vallant unze sols, afin qu'il soit participant aux biensfaicts d'iceulx hospitaulx.

Item, ledict testateur veut et ordonne estre faict perpétuellement tous les ans par son héritier soubz-nommé ou ayant charge de lui, et par ceulx qui tiendront des biens dudict testateur, une aulmosne généralle de vingt bichets soigle à la mesure dudict Bois-Saincte-Marie, lesquels vingt bichets seront convertis en pain distribué et donné en aulmosnes, la moitié le jour feste des trespassés qui se célébrera le lendemain de chascune feste de Thous-saincts, et l'autre moitié le jour de chascun Jeudi-Sainct, en la maison dudict testateur audict lieu de Dompierre, et de la dicte aulmosne sera donné à chascun pauvre un quartier de pain, affin qu'il prie Dieu pour l'âme dudict testateur, de ses feus père, mère, parents et amis trespassés, et de ceux aux-quels ledict testateur pourrait estre tenu tant vivants que trespassés lesquels il ne sçaurait desclarer, les-quels il veut estre participants associés en ladicte aulmosne.

Et lesquels vingt bichets soigle mesure susdicte ledict testateur a assigné et imposé sur tous et chascun ses biens par lui acquis de Jean Chanus et ses enfants, Benoid Chanus, et Jean Bonnel Parier; lesquels biens sont scitués et assis en la *paroche* de Matour, estre selon qu'ils sont confinés spécifiés

et déclarés par les parties et terriers de messire Philibert de Nagu, seigneur de Faulin et Fronges, et selon la forme duquel confio ledict Balay les a acquists; en laquelle fondation ledict testateur a associé ledict messire Philibert de Nagu et dame Philippe de Nagu sa femme et les leurs héritiers et successeurs, et de laquelle fondation ils seront conservateurs.

Et si l'héritier dudict testateur ou ses successeurs faille de faire faire ladicte aulmosne selon et de la quantité du bled susdict, icellui testateur veut et entend que lesdicts sieur et dame de Nagu, et les leurs successeurs et autres exécuteurs de ce présent testament puissent mettre lesdicts biens à leurs mains, lever les fruicts et faire ladicte aulmône.

Lesquels biens ledict testateur oblige et hypothèque spécialement et expressément pour ladicte aulmosne et payement d'icelle, et si lesdicts biens ne vallaient par an le revenu desdicts vingt bichets soigle mesure susdicte outre les autres charges, ledict testateur, les a assignés assis imposés *encore* sur tous et un chascun ses biens meubles et immeubles scitués à Dompierre, Lafay, Oudour et autres lieux circonvoisins, soient lesdicts biens en maisons, granges, terres, prés, bois et autres biens quelconques.

Item, en cas que le susdict héritier soubz nommé, ou ayant de lui charge, ou son successeur en son hoirie et biens d'icellui testateur défaillent à faire ladicte aulmosne chascun an par la manière avant dicte, veut et ordonne que ledict sieur de Faulin

et ses successeurs et autres exécuteurs soubz nommés
puissent prendre desdicts biens dudict testateur pour
faire lesdictes aulmosnes, et pour leurs peines et
labeurs ledict testateur les associe en ladicte aulmosne,
eulx et leurs successeurs.

Item, veut ledict testateur et ordonne si aulcune
personne de bonne vie et réputtation affirmait par
serment que ledict testateur lui eust dû en aulcunes
choses, qu'il en soit satisfaict par sondict héritier,
et outre ce, si aulcuns des desbiteurs dudict testateur affirmaient par serment avoir faict payement
audict testateur de quelques sommes de deniers,
veut et ordonne, pourvu qu'ils soient gens de bien,
qu'ils en soient crus, que la somme qu'ils affirme-
ront avoir payé, leur soit rabattue et desduitte par
son héritier soubz nommé, ou ayant de lui charge.

Item, ledict testateur donne et lègue à Claude
Delagrange, l'un de ses grangiers de Dompierre,
pour ce qu'il est chargé d'enfants, et qu'il l'a
toujours servi dès son jeune âge, un sien pré appelé
Soubz-Marcon scitué au finage de Beau-regard, contenant
demie charrettée de foing ou environ, sous *son* simple
servis dû à Montagny.

Item, donne et lègue ledict testateur à Monsieur
Anthoine Trallier et Guillaume Trallier sa sœur, femme
de Jean Charpy de Cluny ses cousins germains à
chascun d'eux par moitié, une maison scituée en la
ville de Mascon *boutique, et cellier avec ses aisances
et appartenances, joinct les confins faisant la
carre* de la ruelle de Sainct-Pierre de Mascon,

moyennant qu'ils seront tenus faire dire cent messes dans l'esglize dudict Sainct-Pierre do Mascon pour les âmes des prédessesseurs auxquels ladicte maison estait, pour lesquels ledict testateur estait tenu faire prier.

Item, en outre ledict testateur veut et ordonne que messire Guy Balay et Jeanne de Montchanin nièpce dudict testateur gouverneront les biens et l'hoirie dudict testateur sur les fruicts desquels l'héritier dudict testateur sera allimenté de tous alliments nécessaires et entretenu aux estudes jusqu'en l'âge de vingt-cinq ans; et le résidu desdicts fruicts provenus aux héritages de ladicte hoirie, l'éducation, et ladicte hoirie et l'entretennement d'estude, *tout en sera* rendu compte par ledict messire Guiot Balay et Jeanne de Montchanin audict héritier, sur lesquels fruicts provenus èz biens dudict testateur seront premièrement levées les années *des messes et aulmosnes* ordonnées par ledict testateur.

Item, veut et ordonne icellui testateur que icellui sondict héritier estant en l'âge de vingt-cinq ans gouverne ses biens et lève les fruicts d'iceulx baillant toutefois annuellement audict messire Guiot pendant qu'il vivra cent livres par an.

Item, veut et ordonne ledict testateur que incontinant deux jours après son trépas, incontinant soit faict par les officiers dudict sieur de Faulin en présence dudict sieur ou de son commis, invantaire de tous et chascun ses biens, meubles, immeubles, *debtes*, assignaulx, titres et autres papiers faisant

tiltres audict testateur, lesquels biens tiltres et aulmosnes demeureront entre les mains desdicts Guy Balay et Jeanne de Montchanin jusque à ce que sondict héritier soit hors de *curatelle*, et auquel seront tenus lui en rendre compte et tenir raison.

Item, et donne et légue ledict testateur à Philibert fils de noble Gaspard de Fautrière sieur d'Olour, son fillieu la somme de trente escus d'or au coing du soleil pour l'aider à tenir à l'estude, à lui payable par sondict héritier à sçavoir dix escus le premier an qu'il sera aux escholles, à d'iliecq chascun an suivant autres dix escus jusqu'au payement desdicts trente escus.

Item, *prisceque* plusieurs personnes ont vendu audict testateur plusieurs héritages soubz grâce de rachapt lesquels pourraient estre passés ou bien sont prochains à passer, et tiennent lesdicts héritages à titre de *cens* et lui rendant du vin annuellement, veut et ordonne ledict testateur que payant par lesdictes personnes à sondict héritier ou à ses administrateurs les sommes principalles desdicts achapts ensemble les arrérages desdictes censes, *ce serait raisonnable* que lesdicts héritages leur demeurent et qu'ils soient rendus par son héritier ou ses administrateurs et gouverneurs.

Et au résidu universel et singullier de ses biens meubles et immeubles lesquels dessus n'a légué ni disposé, ne ci-après léguera ni disposera a faict et ordonné, faict et ordonne, nomme de sa propre bouche sen héritier universel Philibert fils de messire

Jean *Poncerd* et de ladicte Jeanne de Montchanin, soubz telles charges, à condition qu'il portera les nom et tittres dudict Balay, qu'il payera ses debtes, *frais funéraux legs et pies causes, aussi* sous condition qu'il ne pourra ni alliéner lesdicts biens ni l'hoirie, mais iceulx gardera pour ses enfants et substitués soubz nommés.

Et *au cas où* ledict Philibert sondict héritier irait de vie à trespas sans enfants naturels et légitimes du vivant de sesdicts père et mère de Montchanin, *en quelque cause que ce soit,* lui a substitué et lui substitue ladicte Jeanne de Montchanin sa mère, sans *qu'on puisse destenir aulcune quarte trébellienne* pour diminuer ladicte hoirie.

Et après le descèz de ladicte Jeanne, a voulu et veut icellui testateur que lesdicts biens de son hoirie, au cas susdict que sondict héritier n'aie enfant retournent entièrement pour le tout audict messire Anthoine Trallier et Guillaume sa sœur femme de Jean Charpy, sur lesquels, ledict cas advenant, Allonse fille de ladicte Jeanne de Montchanin prendra mille livres premièrement et avant toutes *œuvres*; lesquels audict cas advenant il a institué et nommé ses héritiers et leurs successeurs et ayant cause d'eux.

Et si sondict héritier allait de vie à trespas sans enfant après le décèz de sesdicts père et mère, veut toujours que ladicte hoirie retourne auxdicts Anthoine Trallier et sa sœur.

Les exécuteurs accomplisseurs de ce présent testament et ordonnance de dernière vollonté nomme et

veut estre lesdicts noble messire Philibert de Nagu sieur de Faulin, messire Guy Balay son frère et maistre Philibert Mareschal l'un des notaires soubz signés, auxquels et à chascun d'eux il donne pouvoir aucthorité et puissance *d'amodier*, de prendre, vendre et alliéner de sesdicts biens pour faire et faire accomplir ce que dessus en cas que sondict héritier ne fasse ce que dessus en renonceant.

Icellui testateur cassant annullant tous autres testaments, codicilles ou donnations faictes à cause de mort, si aulcuns avait faict par escript ou autrement, voulant cedict présent testament et ordonnance de dernière vollonté valloir par droict de testament par escript et *d'ordonnance de dernière vollonté escripte avant descèz*, et s'il ne vaut par *iceulx* droicts, veut valloir pour cause de donnation à cause de mort, et s'il ne vaut par iceux droicts, veut valloir selon les lois canonicques *et les dispositions coutumières* introduictes en faveur des testateurs.

Après, a requis les tesmoins soubznommés, les voyant et cognoissant estre d'accord de ce que dessus, aux fins d'en porter tesmoignage quant requis en serait ordonné en justice, lesdicts notaires soubznommés rédiger par escript les choses sus par lui ordonnées à la perpétuelle mémoire et en expédier acte et instrument à ceux qu'il appartiendra par salaire complant.

En tesmoins des quelles choses, nous garde des susdicts, avons ordonné le scel de nostre dicte cour estre mis à ces présent et semblable double.

Faict et passé audict Dompierre, maison dudict testateur le quatriesme jour du mois de novembre mil cinqt cent quarante sept, présents à ce, noble vénérable messire Guillaume Duboux docteur en médecine habitant de Viry-en-Chasrollois, Estienne Bonnetain, Bonnet Ducrot, Claude Delagrange, Claude Mathieu, Philibert Delafay, et Anthoine *Perier des Sertines*, grangier dudict Balay, masles et pubères tesmoins à ce requis et interpellés.

Ainsi a esté par ledict testateur ordonné et par nous reçu et stipullé. *Non signés à la minute tesmoins. Soubz signés* Mareschal et Mathoud par lui apesllés.

Extrait par nous Deparis notaire royal soubz signé *pris* sur un autre extrait signé Duperron en datte du vingtiesme mai mil six cent *vingt-quatre*, exhibé et à l'instant retiré par messire Claude Hipolite Damas, chevalier, seigneur de Dompierre Oudour, Frouges Lamothe et autres places pour servir et valloir à qui il appartiendra, ainsi que de raison.

Fait à Bost du Lin, paroisse dudict Dompierre, estude du notaire susdict et soubzsigné avant midi, le dix-septiesme jour du mois de febvrier, mil six cent septante sept, s'estant ledict seigneur de Dompierre soubzsigné.

DAMAS-DOMPIERRE.   DEPARIS notaire royal.

32. Titre des foires et des marchés de Dompierre-les-Ormes.

Louis, par la grâce de Dieu, roy de France et de Navarre, à tous présens et avenir salut.

Inclinant à la supplication de notre chère et bien amée Jacqueline de Fautrière dame de la terre et barronye d'Audour en Beaujollais sur le désir qu'elle a de bonifier ledit lieu et faciliter le débit des danrées et marchandises qui y croissent et abondent, estant situé en très-beau et bon pays, Avons de nos grâce spéciale, plaine puissance et autorité royalle créé, érigé et establi, et par ces présentes créons et érigons audit lieu d'Audour, ung jour de marché le mercredy de chacune semaine, et une foire le vingt troisième mars, une autre le vingt neuvième may, l'autre la veille Saint Barthelemy, et une autre le premier jour d'octobre, pour y estre doresnavant tesnues cesdits jours, en jouir et user par ladite dame et hautres dudit lieu plainement paisiblement et perpétuellement, Voullant que tous marchans et autres y puissent aller venir et se fournir, vendre, achepter, troequer et eschanger de toutes marchandises licites, et jouir des privilèges, exemptions et immunités dont on jouit aux autres foires et marchés dudit pays, pourvu qu'auxdits jours il n'y ait à quatre

lieues à la ronde dudit lieu autres foires et marchés et, que, ledit establissement ne préjudicie à nos droits. Et y donnons en mandement à notre Bailly du Beaujollais ou son lieutenant, et à tous nos justiciers et officiers qu'il appartiendra que de nos présentes grâce, création et establissement de foires et marchés ils fassent jouir et user ladite dame d'Audour et ses successeurs ensemble cesdits marchans plainement paisiblement et perpétuellement et icelles foires et marchés faire crier et publier aux lieux circonvoisins et partout ailleurs où besoing sera. Permettant à ladite dame faire construire et édifier audit lieu halles bangs eschoppes et autres choses nécessaires sans aucun trouble ny empeschement au contraire. Car tel est notre plaisir. Et affin que ce soit chose ferme et stable à tousjours nous avons fait mettre notre scel à ces présentes.

Données à Lyon au moys d'Aoust, l'an de grâce mil six cent trente, et de notre règne le vingt-ungième.

Pour le roy :

Signé : COUPEAU.

Enregistré à Villefranche en Beaujollais le 18 mars 1631.

Signé : DAMIRON..

TABLE DES MATIÈRES

FIN.

Charolles. — Imprimerie et lithographie de veuve Lamborot.

I0147221